Cinq leçons sur la psychanalyse

SIGMUND FREUD
AUX ÉDITIONS PAYOT & RIVAGES

Cinq leçons sur la psychanalyse, suivi de : *Contribution à l'histoire du mouvement psychanalytique*
Trois essais sur la théorie sexuelle
Psychopathologie de la vie quotidienne
Totem et tabou
Introduction à la psychanalyse
Essais de psychanalyse
Dora. Fragment d'une analyse d'hystérie
Le Petit Hans, suivi de : *Sur l'éducation sexuelle des enfants*
L'Homme aux rats. Un cas de névrose obsessionnelle, suivi de : *Nouvelles Remarques sur les psychonévroses de défense*
L'Homme aux loups. D'une histoire de névrose infantile
Le Président Schreber. Un cas de paranoïa
Malaise dans la civilisation
L'Homme Moïse et la religion monothéiste
Psychologie de la vie amoureuse
Notre relation à la mort
Au-delà du principe de plaisir
Psychologie des foules et analyse du moi
Le Moi et le Ça
Pulsions et destins des pulsions
L'Inconscient
Deuil et mélancolie

(Suite en fin d'ouvrage)

Sigmund Freud

Cinq leçons sur la psychanalyse

suivi de

Contribution à l'histoire du mouvement psychanalytique

Traduction de l'allemand
par Yves Le Lay (Cinq leçons)
et Samuel Jankélévitch (Contribution)
révisée par Gisèle Harrus-Révidi

Préface de Frédérique Debout

Nouvelle édition

Petite Bibliothèque Payot

Retrouvez l'ensemble des parutions
des Éditions Payot & Rivages sur

payot-rivages.fr

La traduction des deux textes qui composent ce livre a été modernisée. Nous avons notamment restitué le langage oral et familier employé par Freud à l'origine et qui avait été gommé pour des raisons didactiques évidentes. Nous avons également remplacé la terminologie parfois prudente des traducteurs (en particulier dans les *Cinq leçons*, premier texte de Freud à être traduit, au début des années 1920, en langue française) par le vocabulaire psychanalytique précisément codifié aujourd'hui. (G. H.-R.)

Conseiller scientifique : Gisèle Harrus-Révidi.

PRÉFACE

par Frédérique Debout

Une leçon de style

Texte le plus populaire de Freud, les *Cinq leçons sur la psychanalyse* représentent une pierre angulaire dans la construction de la théorie psychanalytique et dans l'histoire de ce mouvement. Ce texte est le faire-part d'une triple naissance : celle du mouvement psychanalytique (la psychanalyse devient une institution scientifique), celle de la méthode clinique (le modèle de la cure type), et celle de l'édifice théorique (modélisation de la vie psychique et genèse des grands concepts).

Pour s'initier à la pensée freudienne, il existe deux « portes » : *Psychopathologie de la vie quotidienne*[1] et les *Cinq leçons sur la psychanalyse.*

1. Sigmund Freud, *Psychopathologie de la vie quotidienne*, Paris, Payot, coll. « Petite Bibliothèque Payot », 2001. Freud

Dans *Psychopathologie de la vie quotidienne*, Freud démontrait que tous les petits accidents banals de la vie ordinaire ne sont pas le fruit du hasard : oublier un nom ou faire un lapsus sont autant des manifestations de l'inconscient que la résistance à guérir ou (comble de l'ironie !) celle des scientifiques vis-à-vis des théories psychanalytiques. Ces deux ouvrages traduisent la révolution qu'a représentée l'invention de la psychanalyse dans le champ des sciences de l'homme. Ils se concentrent sur trois notions fondamentales : la dimension dynamique de la vie psychique, la question du déterminisme et celle de la résistance. Si l'on devait, d'un mot, circonscrire le principal intérêt de ces « leçons », c'est bien de la résistance qu'il faudrait parler. Présent dès les premières lignes, ce concept traverse en fait l'ensemble du texte.

---

abandonne la suggestion en 1899 ; il lui faut ensuite lever le refoulement, fondé sur la défense du patient contre les évocations critiquables (voir S. Freud, *Dora. Fragment d'une analyse d'hystérie*, Paris, Payot, coll. « Petite Bibliothèque Payot », 2010). Ainsi naît la technique demandant au patient d'abandonner toute attitude critique, le thérapeute interprétant ensuite le discours du patient. C'est la règle, dite fondamentale, de l'association libre qui permet la libération des affects refoulés. Freud lui donne le nom de psychanalyse. Il rédige la version définitive de *L'Interprétation des rêves*, qu'il achève dans un état d'exaltation. Dans la foulée, il écrit *Psychopathologie de la vie quotidienne*, publié en 1904 comme un traité théorique de psychanalyse. Les conférences de 1909 font une rétrospective de l'évolution des idées, de la pratique et de l'histoire du mouvement psychanalytique.

Les *Cinq leçons sur la psychanalyse* sont composées de cinq conférences prononcées en septembre 1909, aux États-Unis, à l'occasion du vingtième anniversaire de la Clark University (Worcester), devant un public de médecins et de spécialistes connaissant peu les théories freudiennes – et pour cause : à cette époque, la psychanalyse n'en était encore qu'à ses débuts. L'objectif de Freud n'était pas de donner un cours de psychanalyse, mais de convaincre un auditoire qui, dans le meilleur des cas, ignorait tout de ses théories et, dans le pire, était méfiant et réticent.

Il raconte une histoire merveilleuse en cinq actes, celle de la naissance du mouvement psychanalytique. La démarche est avant tout oratoire et militante. Il s'agit d'exporter la psychanalyse, de semer une graine que Freud espère voir germer.

Pour cet amateur de belles lettres, la forme est fondamentale. Le style d'écriture du texte, même rédigé bien après que les conférences ont eu lieu et sur l'insistance de l'éditeur, conserve le ton oratoire d'origine. Les interpellations du public et de Granville Stanley Hall (1844-1924), le président de l'université qui l'avait invité, les répétitions, l'usage des analogies, des métaphores et le ton familier, comme le souligne Ernest Jones, signent la particularité de ce texte.

Afin de conserver une liberté de ton destinée à surprendre et convaincre son public, Freud n'écrit pas au préalable ses interventions : il les travaille lors de longues promenades en compagnie de

Sandor Ferenczi et parfois de C.G. Jung. Comme il ne maîtrise pas la langue anglaise, Freud s'exprime en allemand, « sans aucune note », impressionnant son auditoire [1].

Le style et l'argumentation de Freud ne visent pas à persuader, mais à ébranler des préjugés et à solliciter l'effort de pensée. De ce point de vue, il ne s'agit pas d'un discours purement rhétorique, même si Freud utilise certains mécanismes de cet art. Si son objectif est de plaire, il ne se limite pas à l'entreprise de persuasion. L'écriture des *Cinq leçons sur la psychanalyse* traduit cette tension intrinsèque à la psychanalyse entre discours subjectif et objectivité scientifique.

Sous un certain angle, le style de Freud répond plus aux critères du discours scientifique qu'à ceux du discours rhétorique. D'une part, parce que le discours se veut purement rationnel et détaché des croyances ; il cherche plus à convaincre qu'à persuader. D'autre part, parce qu'il se fonde sur des réalités certaines alors que le discours rhétorique appartient au domaine du vraisemblable ; Freud s'appuie sur ses observations cliniques. Enfin, parce que, contrairement au discours rhétorique, il s'adresse à des spécialistes [2].

Freud n'a pas affaire à « l'auditoire universel », c'est-à-dire à l'auditoire idéal dont chaque membre serait disposé à être convaincu de la même manière,

---

1. Ernest Jones, *La Vie et l'Œuvre de Sigmund Freud*, tome II, Paris, PUF, 1961, p. 59.
2. Aristote, *Rhétorique*, I, 1355 a.

objectivement. Dans ce cas, l'argumentation pourrait être aussi rigoureuse qu'une démonstration scientifique, car l'orateur n'aurait pas à tenir compte des spécificités subjectives de son public. Freud doit plaire et, pour cela, il utilise la rhétorique et plus particulièrement les règles de l'élocution[1].

Si la construction des « leçons » répond aux lois de la démonstration[2], elles suivent également celles de l'argumentation. « Dans l'argumentation, écrit Jean-Jacques Robrieux, l'orateur choisit et articule ses arguments en fonction d'une stratégie, autrement dit de son approche concrète du public[3]. » L'argumentation freudienne présentée ici est *ad hominem* justement parce qu'elle ne s'adresse pas à un auditoire conquis. Elle dissimule sous l'apparence d'un accord préalable une mésentente fondamentale. Teintée de manipulation, elle est bien plus une affaire de langue, une affaire littéraire, qu'un simple enchaînement scientifique de concepts. L'exploitation de la polysémie du mot

---

1. Définie depuis l'Antiquité comme l'une des cinq parties de la rhétorique à côté de l'invention, la disposition, l'action et la mémoire. Elle ne doit pas être confondue avec le terme moderne qui ne s'applique qu'à l'oral. C'est au contraire l'ensemble des techniques relatives à l'écriture du discours.

2. Freud enchaîne les raisonnements théorico-cliniques liés entre eux par un caractère de nécessité. On ne peut pas sauter les étapes de l'élaboration.

3. Jean-Jacques Robrieux, *Éléments de rhétorique et d'argumentation*, Paris, Dunod, 1993, p. 37.

« résistance », tout comme l'usage important des figures de style (métaphores, métonymies, analogies) et des changements de ton (ironique, narratif, déclaratif), donnent au texte une force argumentative redoutable[1].

Son talent oratoire et son style littéraire séduisent ; Freud emporte la partie. L'auditoire reste partagé mais, désormais, même si les théories freudiennes peuvent être critiquées et incomprises, impossible de les ignorer. Ce voyage aux États-Unis fut l'occasion pour Freud de construire des liens durables notamment avec James J. Putnam, éminent professeur de neurologie à l'université Harvard, qui publia le premier article en langue anglaise entièrement consacré à la psychanalyse. Putnam fit un rapport élogieux[2] des conférences de Worcester et joua un rôle important dans la création de l'Association américaine de psychopathologie, dont Freud fut membre dès 1910, et du *Journal of Abnormal Psychology*, permettant, non sans difficultés et résistances, à la psychanalyse de faire ses premiers pas aux États-Unis.

La psychanalyse trouva là une reconnaissance officielle et une dimension mondiale mais, dans le

---

1. Sur le style de Freud, voir Walter Muschg, *Freud écrivain* (1930), Paris, Hermann, 2009 et François Roustang, *…Elle ne le lâche plus*, Paris, Payot, coll. « Petite Bibliothèque Payot », 2009, p. 9-58.

2. James J. Putnam, « Personnal Impressions of Sigmund Freud and His Work of Special Reference to His Recent Lectures at Clark University », *Journal of Abnormal Psychology*, 4, 1910.

même temps, elle offrait désormais plus d'espace à la critique tant de la part de ses adversaires que de ses partisans. Ainsi, 1909 vit les premières dissensions entre Freud et ses disciples jusqu'à la rupture d'abord larvée entre celui-ci et Jung, puis manifeste en 1913 sur la question du complexe d'Œdipe, et enfin effective l'année suivante par la démission de Jung de l'Association internationale de psychanalyse. La *Contribution à l'histoire du mouvement psychanalytique*, que l'on trouvera ci-après à la suite des *Cinq leçons sur la psychanalyse*, rend compte de cette histoire dramatique ponctuée de conflits, de résistances et de ruptures.

Le vivant c'est le symptôme, le vivant c'est ce qui résiste

L'inspiration géniale de Freud fut de relever dans sa clinique les résistances de patients à guérir démontrant de cette façon la nature profondément conflictuelle, et donc dynamique, de la vie mentale. Les patients tiennent à leur symptôme ! Ils souhaitent de toute évidence s'en débarrasser si cela leur est utile et nécessaire. Dans l'inconscient, les contraires sont identiques, dit la psychanalyste Joyce Mac Dougall : si la plainte des patients est bien réelle, il n'en reste pas moins qu'elle dissimule un profond agrippement à la maladie et au symptôme. *Un sujet sain est un sujet qui résiste*. Freud ne peut plus souscrire aux hypothèses de Pierre Janet (1859-1947)[1] ou de Bénédict Augustin Morel (1809-1873)[2] : la maladie mentale n'est pas la révélation d'une pathologie sous-jacente, mais la perte d'un équilibre précaire maintenu par la régulation constante des forces actives dans la psyché. La maladie psychique ne surgit pas de l'extérieur. Elle ne s'attrape pas, elle est un basculement. Chacun d'entre nous peut être incapable ou mis dans l'incapacité de résister. La vie psychique normale se définit par la présence d'une force constante et désorganisatrice mise en échec par la capacité de résister, tandis qu'un système antagoniste inhibe le pathologique[3].

Cela peut s'entendre quand la guérison n'est pas perçue comme l'idéal à atteindre mais aussi comme le danger[4]. Le symptôme ou la maladie ne

1. Voir *infra*, « Deuxième leçon ».

2. Père de la théorie de la dégénérescence. Il définissait la maladie mentale comme le fruit d'une dégradation au sein d'une ligne héréditaire du niveau sociopsychopathologique des individus.

3. Nous trouvons en germe la seconde théorie des pulsions dans la cinquième et dernière leçon, où Freud aborde la question du narcissisme (théorie qui ne sera pourtant développée qu'en 1914). La pulsion de mort est nécessaire à la vie.

4. La résistance à guérir amène une redéfinition de la santé psychique et un renouvellement des définitions du normal et du pathologique. Voir Georges Canguilhem, *Le Normal et le Pathologique*, Paris, PUF, coll. « Quadrige », 2007.

sont donc pas à faire disparaître parce qu'ils tiennent une place dans la « suffisamment bonne » santé...

La santé ne se définit plus « dans le silence des organes », pour paraphraser Leriche, mais dans la lutte constante pour la conquête asymptotique d'un équilibre toujours précaire, menacé en permanence. La bonne santé psychique, la vie est un combat permanent. Le vie psychique n'est jamais figée, sauf dans les cas de maladies graves. Elle n'est pas non plus le fruit du simple développement d'une carte génétique. Elle est dynamique, changeante, mouvante et se modifie en fonction des rapports de force qui la traversent et l'animent. Il n'y a pas de vie sans résistance et donc sans conflit porté au seuil du visible par le symptôme.

Résistance et transfert : naissance de la technique psychanalytique

Les gens ne sont pas malades non pas parce qu'ils parviennent à se défendre, mais parce qu'ils peuvent résister. Si la résistance est intimement liée à la défense, elle ne se réduit pas à celle-ci. Elle implique un refus du sujet à reconnaître des contenus inconscients. Parce qu'elle se définit en lien avec le transfert, elle n'est pas seulement un obstacle au traitement, elle en devient alors aussi l'un des leviers.

Les *Cinq leçons sur la psychanalyse* retracent

l'invention de la psychanalyse et s'ouvrent donc naturellement sur la rencontre de Freud avec l'hystérie en 1895. Il a trente ans à peine, sort tout juste de l'université et vient de se marier quand il fait la connaissance de Bertha Pappenheim, qu'il appellera Anna O. et qui sera à l'origine de la première étape de ses découvertes[1]. Pourtant, Bertha ne diffère en rien des autres patientes hystériques de Freud. Elle nous est décrite, des années plus tard, comme jeune, intelligente, socialement aisée. Freud et Bertha sont presque du même âge et évoluent tous deux dans un milieu bourgeois. Il est indéniable que la séduction infiltrait ces thérapies qui, rappelons-le, se déroulaient au domicile du patient, souvent même dans sa propre chambre et lors d'entretiens privés. À l'époque, la psychanalyse étant sur les fonds baptismaux, les relations entre thérapeutes et patients n'étaient évidemment pas aussi codifiées qu'aujourd'hui et il n'était pas rare qu'analysés et analysants se côtoient dans les salons de la bourgeoisie viennoise. Avant d'inventer la technique, les premiers psychanalystes ne pouvaient travailler qu'avec ce qu'ils étaient.

L'importance de cette rencontre ne réside pas dans les symptômes présentés par la patiente, mais dans la relation qu'elle établit avec son médecin, Josef Breuer. Lorsque Anna O. finit par exprimer son amour à Breuer à travers une gros-

1. Voir Josef Breuer, Sigmund Freud, *Études sur l'hystérie* (1895).

sesse imaginaire, celui-ci interrompit la cure, partit en vacances et, après celles-ci, selon la légende répandue – mais fausse –, sa femme revint enceinte. Effrayé par l'ampleur des sentiments d'affection que lui témoignait sa jeune patiente, il décida de demander l'aide de Freud et la lui présenta. C'est à partir de l'analyse de cette relation, empreinte de séduction et des résistances de la patiente à guérir, mais également celles de Breuer à poursuivre le traitement que Freud posera sa différence technique : il abandonnera alors la méthode cathartique de Breuer qui jouait sur la modification de l'état de conscience. Ce sont les mouvements psychiques et les inventions verbales de cette dernière qui font évoluer la technique psychanalytique [1]. Et ce sont les modifications du cadre technique du traitement des névroses qui ont permis à Freud d'élaborer la théorie psychanalytique.

Freud comprendra qur le transfert est une résistance à l'analyse tout en en étant le moteur. Il bloque le travail associatif du patient en se substituant à la relation actuelle vécue avec le médecin. Mais s'opposant à une simple remémoration (qui ne servirait que la répétitivité du symptôme en se réduisant à une commémoration intellectualisée), c'est l'actualisation de conflits infantiles qui est

1. En dénommant la thérapie *talking cure* (cure par la parole) ou encore *chimney sweeping* (ramonage de cheminée), Anna O. fournissait déjà des clés de compréhension du processus à l'œuvre, guidant Freud sur l'essence active dans la relation thérapeutique.

active dans le transfert et qui donne à l'analyse toute sa portée transformatrice[1].

C'est cette épreuve du transfert que Breuer n'a pas réussi à surmonter. Et d'ailleurs, les patients pris dans le transfert ont beaucoup de peine à se dégager des effets de la relation à leur médecin pour souscrire à la règle de la libre association pourtant constitutive de la cure.

La relation médecin-malade hystérique oscille donc entre deux pôles de résistance. D'une part, celle de la patiente à guérir ; d'autre part, celle du médecin à accepter les mouvements affectifs témoignés par sa patiente... Le transfert est actif du côté du patient comme de celui du thérapeute et même si Freud ne le dit pas ouvertement, il suggère que l'échec du traitement de l'hystérie est en grande partie lié au contre-transfert négatif non élaboré des médecins à leur égard. « Si le diagnostic d'hystérie touche peu le malade, il touche beaucoup le médecin[2]. »

La résistance à guérir (le symptôme psychique) s'entend autant du côté des patients que du côté des thérapeutes !

On peut même dire que la résistance signe le dynamisme de la relation thérapeutique. Loin

1. D'ailleurs, Sandor Ferenczi et Otto Rank ont approfondi ces hypothèses freudiennes en accentuant radicalement l'importance de l'expérience vécue du transfert plutôt que la remémoration des souvenirs (qui ne serait en fait que résistance, sauf à être prise dans le transfert).

2. Voir *infra*, « Première leçon ».

d'être rassuré de son efficacité, l'analyste doit se méfier des analyses qui « ronronnent », car l'absence de conflictualité démontre elle aussi la résistance à guérir. L'analyse ne se fait pas dans la complaisance, mais dans le conflit. Freud montre dans ses deux premières « leçons » que la possibilité transformatrice de l'analyse se situe du côté de l'analyste (impulsée par la résistance qui, là, est bien plus du côté de l'analysant, du moins dans un premier temps). L'analyse de la résistance et sa levée sont au cœur de la psychothérapie[1].

Le refoulement ne se démontre pas, l'inconscient est invisible

La résistance signe le travail de l'inconscient qui tend inexorablement à se faire entendre tout en œuvrant à la dissimulation de son propre contenu. Le refoulement est « un processus supposé par moi et je l'ai considéré prouvé par l'existence indéniable de la résistance », écrit Freud[2]. Partant d'une évidence clinique, il pose l'existence du refoulement comme un fait et le définit comme un prototype des défenses psychiques pour lesquelles œuvre la résistance.

L'existence du refoulement est indémontrable, Freud ne le nie pas et même il s'y accroche,

1. Voir *infra*, « Deuxième leçon ».
2. *Ibid.*

fondant la doctrine psychanalytique en opposition – ou même *en résistance* – aux critères de scientificité des disciplines avec lesquelles il entend dialoguer. Dans une pirouette d'orateur, il fait justement de l'absence de démontrabilité de l'existence de l'inconscient la preuve de son existence ! Le refoulement n'est pas démontrable. L'inconscient ne se voit pas. Il ne donne que des signes de son existence. C'est la résistance des patients à guérir qui témoigne de l'existence de ces forces invisibles qui animent la psyché.

L'inconscient ne peut avancer que masqué, « déformé », « déguisé », « défiguré », conclut-il alors. C'est ainsi que ses messages parviennent au seuil de la conscience. Ils ne peuvent se faire entendre que dans la clandestinité parce que inconciliables avec la réalité. Ce « monstre » qu'est l'inconscient n'a pas sa place à côté des exigences de la réalité. Œuvrant dans l'ombre, il ne « pointe son nez » que dans la répétitivité du symptôme[1], animant la résistance et le transfert, ou dans les petits accidents banals de la vie quotidienne[2].

Signe du dynamisme de la vie psychique et de l'action des mécanismes de défenses, la résistance

---

1. Comparant les symptômes hystériques à des « symboles commémoratifs » (« Première leçon »), Freud suggère que la répétition est à l'œuvre dans le symptôme. Les souvenirs devenus inconscients (et non oubliés) sont revisités comme le serait un monument commémoratif ; et ces visites répétées permettent au sujet de revivre la scène première du traumatisme.

2. Voir *infra*, « Troisième leçon ».

dans le traitement condamne la psychanalyse à l'invisibilité de ses effets et la rend ainsi difficilement évaluable[1]. Le traitement psychanalytique ne vise pas tant la suppression du symptôme que son réaménagement. De ce fait, il entre avec peine dans les grilles d'évaluation, son résultat n'étant pas quantifiable. En ne posant plus la guérison, (entendue comme disparition du symptôme) comme fin de l'analyse, Freud condamnait la psychanalyse à œuvrer dans l'invisibilité du mesurable. La crise rencontrée par la psychanalyse au sein de la politique actuelle d'évaluation des psychothérapies était contenue dans la graine qui l'a fait germer. En ne l'inscrivant pas, comme les autres sciences, sur une grille d'évaluation allant de la réussite à l'échec, Freud lui-même ne permettait pas à la psychanalyse d'aujourd'hui d'entrer dans le cadre classique d'évaluation des psychothérapies.

1. Les défenses d'un sujet sont à respecter et bien souvent à épargner. Cédant pourtant à la demande de démonstration des effets produits par la psychanalyse, il y a quelques années en France, des psychanalystes et plus particulièrement le courant de l'antipsychiatrie ont entrepris de le montrer en mettant à mal de manière systématique les défenses psychiques de leurs patients. Au prix là encore du refus d'entendre la résistance à guérir. Les résultats cliniques ont démontré le danger de telles pratiques.

Freud, figure de résistant

« La psychanalyse provoque donc, chez ceux qui en entendent parler, la même résistance qu'elle provoque chez les malades [1]. » La construction des *Cinq leçons* nous montre ce cheminement : après avoir traité dans les deux premières « leçons » la clinique de la résistance, Freud développe le concept de déterminisme psychique et le pose au centre de son exposé théorique. L'accent porté à cette notion l'amène dans les deux dernières « leçons » à parler des résistances à la psychanalyse.

Issue du vocabulaire des sciences exactes (mécanique, électricité, biologie), mais aussi commun à la politique et au droit, la notion de résistance est centrale dans l'avènement du mouvement psychanalytique en grande partie à cause de sa résonance politique. La résistance est aujourd'hui connotée politiquement et même si Freud, au début du XXe siècle, ne la pensait pas dans ces termes-là, nous ne pouvons plus l'entendre autrement. Durant un conflit politique (guerre ou occupation), la résistance est l'action de résister à une agression, une contrainte, une oppression physique et/ou morale. Métaphoriquement, elle désigne aussi le combat contre un envahisseur, un occupant ou un régime indésirable. Elle représente donc une force d'opposition défensive contre un élément persécutant. Mais résister n'est pas immobiliser. La résistance a une visée libératrice et émancipatrice.

1. Voir *infra*, « Troisième leçon ».

Résister, c'est aussi produire un changement quand le compromis n'est plus possible. Tant que la critique peut se faire au grand jour, on est dans un espace conflictuel où certes la défense a sa place, mais sans être dans la nécessité d'avancer masquée. Or, il n'y a de résistance que masquée, cachée, invisible, clandestine.

Freud adoptait manifestement la posture d'un résistant. Il défendait ses théories, allait au devant de ses contradicteurs et ce sont ces rencontres qui ont permis au mouvement psychanalytique non seulement de grandir, mais aussi et surtout de se constituer en tant que mouvement scientifique. La résistance a pour destin de disparaître dans une résolution du conflit qui l'a fait naître. Elle serait ontologiquement liée à la fonction de chercheur. Résister, c'est produire dans la critique une vérité. Résister, c'est le propre de l'effort de pensée. En ce sens, la psychanalyse s'inscrit dans le projet civilisateur de nos sociétés[1].

La psychanalyse est née en résistance… Dès 1912, Ernest Jones affirme que le destin de la psychanalyse est de s'opposer à la science officielle. D'une actualité criante, les *Cinq leçons* nous donnent une leçon de résistance.

Résistances des patients à guérir, résistance de Freud pour maintenir ses théories, résistances du public et des scientifiques à admettre les théori-

---

1. Voir la fin de la dernière « leçon » et les développements que Freud donne à cette idée en 1929 dans *Malaise dans la civilisation*.

sations freudiennes, et même de ses plus proches collaborateurs... Il n'a pas dû seulement défendre ses théories, il a également dû s'agripper à elles[1].

L'accueil réservé à la psychanalyse naissante et à sa méthode n'est pas favorable. En 1909, les *Trois essais sur la théorie sexuelle* ont déjà été publiés (1905) et Freud souffre d'une réputation sulfureuse. Son postulat de la centralité de la sexualité infantile dans la dynamique du psychisme humain suscite autour de lui passions, conflits et agressivité. Seules la vérité et donc la science peuvent provoquer une telle résistance. L'une des caractéristiques de la science est son aptitude à rompre avec les idées reçues et les savoirs antérieurs. La violence et l'agressivité que provoque la psychanalyse sont pour Freud le signe de l'œuvre du refoulement : « Que veut le psychanalyste, en effet ? Ramener à la surface de la conscience tout ce qui a été refoulé. [...] La psychanalyse provoque donc, chez ceux qui en entendent parler, la même résistance qu'elle provoque chez les malades. C'est de là que vient sans doute l'opposition si vive, si instinctive, que notre discipline a le don d'exciter. Cette résistance prend du reste le masque de l'opposition intellectuelle et enfante des arguments analogues à ceux que nous écartons chez nos malades au moyen de la règle psychanalytique fondamentale[2]. » Les arguments des opposants à

---

1. Comme il le souligne dans la quatrième « leçon », Freud s'est « accroché » au principe du déterminisme psychique.

2. Voir *infra*, « Troisième leçon ».

la psychanalyse n'ont pas changé : manque de possibilité d'évaluation, invisibilité des effets.

Pour reprendre la définition qu'il donnait, en filigrane, de la résistance, s'il y a résistance, c'est qu'il y a conflit et refoulement[1]. Il y a donc trace de vérité psychique, si cela existe.

Loin de se replier de manière défensive face à ses détracteurs, Freud est allé à leur rencontre en établissant, de manière presque paradoxale, comme critère de scientificité la résistance témoignée à l'égard de ses théories. Aurait-il abandonné sa *neurotica*[2] sans cette capacité à entendre les résistances qui pouvaient être formulées à l'égard de ses théories tant par ses patients que par la communauté scientifique ? On peut en douter.

La psychanalyse est aujourd'hui encore l'objet de vives attaques et critiques qui proviennent à vrai dire des mêmes opposants, utilisant les mêmes arguments : « Vous serez peut-être étonnés d'apprendre qu'en Europe nous l'avons entendue juger par une quantité de personnes qui ne savent rien de la psychanalyse, qui ne l'emploient pas et qui poussent l'ironie jusqu'à exiger que nous leur prouvions l'exactitude de nos résultats. Il y a

---

1. *Ibid.* et « Quatrième leçon ».

2. « Je ne crois plus à ma *neurotica* », écrit Freud à Wilhelm Fliess en septembre 1897 dans une lettre demeurée célèbre. Cette phrase signe la naissance de la psychanalyse par l'abandon de la réalité des faits en faveur de celle du fantasme. Les hystériques ont bien subi un traumatisme sexuel, mais il est de l'ordre du fantasme et non pas de celui de l'inceste paternel vécu dans la réalité.

certainement, parmi ces contradicteurs, des gens qui ont l'habitude de la pensée scientifique ; qui, par exemple, ne repousseraient pas les conclusions d'une recherche au microscope parce qu'on ne pourrait pas les confirmer en examinant la préparation anatomique à l'œil nu et qui, en tout cas, ne se prononceraient pas avant d'avoir considéré eux-mêmes la chose au moyen du microscope[1]. »

Le progrès des neurosciences et le succès des modèles organicistes et comportementalistes sont indéniables, essentiellement parce que leurs méthodologies sont évaluables et leurs effets mesurables. Sans doute offrent-ils aux psychanalystes du XXIe siècle l'occasion de revisiter la démarche freudienne des débuts de la psychanalyse. À partir d'un même objet : l'être humain, il s'agit maintenant pour eux d'entrer en dialogue avec leurs contradicteurs…

Frédérique DEBOUT
(2009)

1. Voir *infra*, « Troisième leçon ».

Cinq leçons sur la psychanalyse [1]
(1909)

1. Sigmund Freud, *Über Psychoanalyse*, Leipzig et Wien, Deuticke, 1910.

PREMIÈRE LEÇON

Origine de la psychanalyse. Observation du Dr Breuer. Les traumatismes psychiques. Les hystériques souffrent de réminiscences. Le traitement cathartique. L'hystérie de conversion.

Mesdames et Messieurs,

J'éprouve un trouble inhabituel à l'idée d'intervenir face au public affamé de savoir du Nouveau Monde. Comme j'imagine que je dois cet honneur à l'association faite entre mon nom et la question de la psychanalyse, ma causerie traitera donc de la psychanalyse et je vais tenter de vous présenter de manière succincte une vue d'ensemble de cette nouvelle méthode d'examen et de guérison, de sa naissance jusqu'aux plus récentes avancées.

Ce n'est pas à moi que revient le mérite – si c'en est un – d'avoir mis au monde la psychanalyse. Je n'ai pas participé à ses premiers commencements.

J'étais encore étudiant, absorbé par la préparation de mes derniers examens, lorsqu'un médecin de Vienne, le Dr Josef Breuer [1], appliqua pour la première fois ce procédé au traitement d'une jeune fille hystérique (cela remonte aux années 1880 à 1882). Il convient donc de nous occuper tout d'abord de l'histoire de cette malade et des péripéties de son traitement. Mais auparavant encore un mot. Ne craignez pas qu'une formation médicale soit nécessaire pour suivre mon exposé. Nous ferons route un certain temps avec les médecins, mais nous ne tarderons pas à prendre congé d'eux pour suivre le Dr Breuer dans une voie tout à fait originale.

La malade du Dr Breuer était une jeune fille de vingt et un ans, très intelligente, qui manifesta au cours des deux années de sa maladie une série de troubles physiques et mentaux plus ou moins graves. Elle présenta une contracture des deux extrémités droites avec anesthésie ; de temps en temps, la même affection apparaissait aux membres du côté gauche ; en outre, trouble des mouvements des yeux et perturbations multiples de la capacité visuelle ; difficulté à tenir la tête droite ; toux nerveuse intense, dégoût de toute nourriture et, pendant plusieurs semaines, impossibilité de boire malgré une soif dévorante. Elle présentait aussi une altération de la fonction du langage, ne pouvait ni comprendre ni parler sa langue maternelle.

---

1. Le Dr Breuer est célèbre pour ses travaux sur la respiration et sur la physiologie du sens de l'équilibre.

Enfin, elle était sujette à des « absences », à des états de confusion, de délire, d'altération de toute la personnalité ; ce sont là des troubles auxquels nous aurons à accorder toute notre attention.

Il semble naturel de penser que des symptômes tels que ceux que nous venons d'énumérer révèlent une grave affection, probablement du cerveau, affection qui offre peu d'espoir de guérison et qui sans doute conduira promptement à la mort. Les médecins diront pourtant que, dans une quantité de cas aux apparences aussi graves, on peut formuler un pronostic beaucoup plus favorable. Lorsque des symptômes de ce genre se rencontrent chez une jeune femme dont les organes essentiels, le cœur, les reins, etc., sont tout à fait normaux, mais qui a eu à subir de violents chocs *affectifs*, et lorsque ces symptômes se développent d'une façon capricieuse et inattendue, les médecins se sentent rassurés. Ils reconnaissent en effet qu'il s'agit là, non pas d'une affection organique du cerveau, mais de cet état bizarre et énigmatique auquel les médecins grecs donnaient déjà le nom d'*hystérie*, état capable de simuler tout un ensemble de troubles graves, mais qui ne met pas la vie en danger et qui laisse espérer une guérison complète. Il n'est pas toujours facile de distinguer une telle hystérie d'une profonde affection organique. Mais il ne nous importe pas ici de savoir comment on établit ce diagnostic différentiel ; notons simplement que le cas de la jeune fille de Breuer est de ceux qu'aucun médecin habile ne manquera de ranger dans l'hystérie. Il convient de rappeler ici que les symptômes de la maladie sont apparus alors que la jeune fille soignait son père qu'elle adorait (au cours d'une maladie à laquelle il devait succomber) et que sa propre maladie l'obligea à renoncer à ces soins.

Les renseignements qui précèdent épuisent ce que les médecins pouvaient nous apprendre sur le cas qui nous intéresse. Le moment est venu de quitter ces derniers. Car il ne faut pas s'imaginer que l'on a beaucoup fait pour la guérison, lorsqu'on a substitué le diagnostic d'hystérie à celui d'affection cérébrale organique. L'art médical est le plus souvent aussi impuissant dans un cas que dans l'autre. Et quand il s'agit d'hystérie, le médecin n'a rien d'autre à faire qu'à laisser à la bonne nature le soin d'opérer le rétablissement complet qu'il est en droit de pronostiquer[1].

Si le diagnostic d'hystérie touche peu le malade, il touche beaucoup le médecin. Son attitude est tout autre à l'égard de l'hystérique qu'à l'égard de l'organique. Il n'accorde pas à celui-là le même intérêt qu'à celui-ci, car son mal est bien moins sérieux, malgré les apparences. N'oublions pas non plus que le médecin, au cours de ses études, a appris (par exemple dans des cas d'apoplexie ou de tumeurs) à se représenter plus ou moins exac-

1. Je sais que cette affirmation n'est plus exacte aujourd'hui, mais elle l'était à l'époque où nous nous sommes transportés. Si, depuis lors, les choses ont changé, les études dont j'esquisse ici l'histoire ont contribué pour une bonne part à ce changement.

tement les causes des symptômes organiques. Au contraire, en présence des singularités hystériques, son savoir, sa science anatomique, physiologique et pathologique le laissent en panne. Il ne peut comprendre l'hystérie, en face d'elle il est incompétent. Ce qui ne vous plaît guère quand on a l'habitude de tenir en haute estime sa propre science. Les hystériques perdent donc la sympathie du médecin, qui les considère comme des gens qui transgressent les lois (comme un fidèle à l'égard des hérétiques). Il les juge capables de toutes les vilenies possibles, les accuse d'exagération et de simulation intentionnelles ; et il les punit en leur retirant son intérêt.

Le Dr Breuer, lui, n'a pas suivi une telle conduite. Bien que tout d'abord il fût incapable de soulager sa malade, il ne lui refusa ni sa bienveillance ni son intérêt. Sans doute sa tâche fut-elle facilitée par les remarquables qualités d'esprit et de caractère dont elle témoigna. Et la façon sympathique avec laquelle il se mit à l'observer lui permit bientôt de lui porter un premier secours.

On avait remarqué que dans ses états d'absence, d'altération psychique avec confusion, la malade avait l'habitude de murmurer quelques mots qui semblaient se rapporter à des préoccupations intimes. Le médecin se fit répéter ses paroles et, ayant mis la malade dans une sorte d'hypnose, les lui répéta mot à mot, espérant ainsi déclencher les pensées qui la préoccupaient. La malade y consentit et se mit à raconter l'histoire dont les mots murmurés pendant ses états d'absence avaient trahi l'existence. C'étaient des fantaisies d'une profonde tristesse, souvent même d'une certaine beauté – nous dirons des *rêves diurnes* – qui avaient pour thème une jeune fille au chevet de son père malade. Après avoir exprimé un certain nombre de ces fantaisies, elle se trouvait délivrée et ramenée à une vie psychique normale. L'amélioration, qui durait plusieurs heures, disparaissait le jour suivant, pour faire place à une nouvelle absence que supprimait, de la même manière, le récit des fantaisies nouvellement formées. Nul doute que la modification psychique manifestée pendant les absences était une conséquence de l'excitation produite par ces formations fantaisistes d'une vive tonalité affective. La malade elle-même, qui, à cette époque de sa maladie, ne parlait et ne comprenait que l'anglais, donna à ce traitement d'un nouveau genre le nom de cure de parole (*talking cure*) ; elle le désignait aussi, en plaisantant, du nom de ramonage de cheminée (*chimney sweeping*).

On remarqua bientôt, comme par hasard, qu'un tel « ramonage » de l'âme faisait beaucoup plus qu'éloigner momentanément la confusion mentale toujours renaissante. Les symptômes morbides disparurent aussi lorsque, sous l'hypnose, la malade se rappela avec extériorisation affective à quelle occasion ces symptômes s'étaient produits pour la première fois. « Il y avait eu, cet été-là, une période de très grande chaleur, et la malade avait beaucoup souffert de la soif, car, sans pouvoir en donner la raison, il lui avait été brusquement impossible de boire. Elle pouvait saisir le verre d'eau, mais aussitôt qu'il touchait ses lèvres, elle le repoussait comme une hydrophobe. Durant ces quelques secondes, elle se trouvait évidemment en état d'absence. Elle ne se nourrissait que de fruits, pour étancher la soif qui la tourmentait. Cela durait depuis environ six semaines, lorsqu'elle se plaignit un jour, sous hypnose, de sa gouvernante anglaise qu'elle n'aimait pas. Elle raconta alors, avec tous les signes d'un profond dégoût, qu'elle s'était rendue dans la chambre de cette gouvernante et que le petit chien de celle-ci, un animal affreux, avait bu dans un verre. Elle n'avait rien dit, par politesse. Son récit achevé, elle manifesta violemment sa colère, restée contenue jusqu'alors. Puis elle demanda à boire, but une grande quantité d'eau, et se réveilla de l'hypnose le verre aux lèvres. Le trouble avait disparu pour toujours[1]. »

Arrêtons-nous un instant à cette expérience. Personne n'avait encore fait disparaître un symptôme hystérique de cette manière et n'avait pénétré si profondément dans la compréhension de ses causes. Quelle découverte grosse de conséquences, si la plupart de ces symptômes pouvaient être supprimés de cette manière ! Breuer n'épargna aucun effort pour en faire la preuve. Il étudia systématiquement la pathogenèse d'autres symptômes morbides plus graves. Dans presque chaque cas, il constata que les symptômes étaient, pour ainsi dire, comme des résidus d'expériences émotives

1. Sigmund Freud, *Études sur l'hystérie*, trad. A. Berman, 4e éd., Paris, PUF, 1967, p. 26.

que, pour cette raison, nous avons appelées plus tard *traumatismes psychiques* ; leur caractère particulier s'apparentait à la scène traumatique qui les avait provoqués. Selon l'expression technique, les symptômes étaient *déterminés* par les scènes dont ils formaient les résidus mnésiques, et il n'était plus nécessaire de voir en eux des effets arbitraires et énigmatiques de la névrose. Cependant, contrairement à ce que l'on attendait, ce n'était pas toujours d'un seul événement que le symptôme résultait, mais, la plupart du temps, de multiples *traumatismes psychiques* souvent analogues et répétés. Par conséquent, il fallait reproduire chronologiquement toute cette chaîne de souvenirs pathogènes, mais dans l'ordre inverse, le dernier d'abord et le premier à la fin ; impossible de pénétrer jusqu'au premier traumatisme, souvent le plus profond, si l'on sautait les intermédiaires.

Vous souhaiteriez sans doute d'autres exemples de symptômes hystériques que celui de l'hydrophobie engendrée par le dégoût d'un chien buvant dans un verre. Mais pour rester fidèle à mon programme, je me limiterai à très peu d'exemples. Breuer raconte que les troubles visuels de sa malade se rapportaient aux circonstances suivantes : « La malade, les yeux pleins de larmes, était assise auprès du lit de son père, lorsque celui-ci lui demanda tout à coup quelle heure il était. Les larmes l'empêchaient de voir clairement ; elle fit un effort, mit la montre tout près de son œil et le cadran lui apparut très gros (macropsie et strabisme convergent) ; puis elle s'efforça de retenir ses larmes afin que le malade ne les voie pas[1].» Toutes ces impressions pathogènes, remarquons-le, dataient de l'époque où elle s'occupait de son père malade. «Une fois, elle s'éveilla, la nuit, très angoissée car le malade avait beaucoup de fièvre, et très contractée car on attendait un chirurgien de Vienne pour une opération. Sa mère n'était pas là; Anna était assise au chevet du malade, le bras droit posé sur le dossier de la chaise. Elle tomba dans un état de demi-rêve et vit qu'un serpent noir sortait du mur, s'approchait du malade pour le mordre. (Il est très probable que, dans le pré, derrière la maison, se trouvaient des serpents qui avaient déjà effrayé la malade et fournissaient le thème de l'hallucination.) Elle voulut chasser l'animal, mais elle était comme paralysée; le bras droit, pendant sur le dossier de la chaise, était "endormi", c'est-à-dire anesthésié et parésié, et, lorsqu'elle le regarda, les doigts se transformèrent en petits serpents avec des têtes de mort (les ongles). Sans doute fit-elle des efforts pour chasser le serpent avec la main droite paralysée, et ainsi l'anesthésie et la paralysie s'associèrent-elles à l'hallucination du serpent. Lorsque celui-ci eut disparu, elle voulut, pleine d'angoisse, se mettre à prier, mais la parole lui manqua, en quelque langue que ce fût. Elle ne put s'exprimer qu'en retrouvant enfin une poésie enfantine *anglaise*, et put alors penser et prier dans cette langue[2].» Le rappel de cette scène, sous hypnose, fit disparaître la

1. *Ibid.*
2. *Ibid.*, p. 30.

contracture du bras droit qui existait depuis le commencement de la maladie, et mit fin au traitement.

Lorsque, bon nombre d'années plus tard, je me mis à appliquer à mes propres malades la méthode de recherche et de traitement de Breuer, je fis des expériences qui concordèrent avec les siennes.

Une dame de quarante ans environ avait un tic, un étrange claquement de langue, qui se produisait à chaque émoi et aussi sans cause apparente. L'origine de ce tic venait de deux événements différents qui avaient ceci de commun que, comme par une sorte de contre-volonté, elle avait fait entendre ce claquement à un moment où elle désirait vivement ne pas troubler le silence : une fois pour ne pas éveiller son enfant endormi, et l'autre fois, lors d'une promenade en voiture, pour ne pas exciter les chevaux qu'un orage avait déjà fait s'emballer. Je donne cet exemple parmi beaucoup d'autres qu'on trouvera dans les *Études sur l'hystérie*.

Mesdames et Messieurs, si vous me permettez de généraliser, et c'est inévitable dans une présentation aussi abrégée, nous pouvons résumer tout ce qui précède dans la formule suivante : *les hystériques souffrent de réminiscences*. Leurs symptômes sont les résidus et les symboles de certains événements (traumatiques). Symboles commémoratifs, à vrai dire. Une comparaison nous fera saisir ce qu'il faut entendre par là. Les monuments dont nous ornons nos grandes villes sont des symboles commémoratifs du même genre. Ainsi, à Londres, vous trouverez, devant une des plus grandes gares de la ville, une colonne gothique richement décorée : *Charing Cross.* Au XIIIe siècle, un des vieux rois Plantagenêt qui faisait transporter à Westminster le corps de la bien-aimée reine Éléonore éleva des croix gothiques à chacune des stations où le cercueil fut posé à terre. *Charing Cross* est le dernier des monuments qui devaient conserver le souvenir de cette marche funèbre[1]. À une autre place de la ville, non loin du *London Bridge*, vous remarquerez une colonne moderne très haute que l'on appelle « *The Monument* ». Elle doit rappeler le souvenir du grand incendie qui, en 1666, éclata tout près de là et détruisit une grande partie de la ville. Ces monuments sont des « symboles commémoratifs » comme les symptômes hystériques. La comparaison est donc soutenable jusque-là. Mais que diriez-vous d'un habitant de Londres qui, aujourd'hui encore, s'arrêterait mélancoliquement devant le monument du convoi funèbre de la reine Éléonore au lieu de s'occuper de ses affaires avec la hâte qu'exigent les conditions modernes du travail, ou de se réjouir de la jeune et charmante reine qui captive aujourd'hui son propre cœur ? Ou d'un autre qui pleurerait devant « le monument » la destruction de la ville de ses pères, alors que cette ville est depuis longtemps sortie de ses cendres et brille aujourd'hui d'un éclat plus vif encore que jadis ?

Les hystériques et autres névrosés se comportent comme les deux Londoniens de notre exemple

1. Ou la reproduction postérieure d'un tel monument. Le nom *Charing* signifie, d'après le Dr Jones : Chère Reine.

invraisemblable. Non seulement ils se souviennent d'événements douloureux passés depuis longtemps, mais ils y sont encore affectivement attachés ; ils ne se libèrent pas du passé et négligent pour lui la réalité et le présent. Cette fixation de la vie mentale aux traumatismes pathogènes est un des caractères les plus importants et, dans la pratique, les plus significatifs de la névrose. Vous allez sans doute, en pensant à la malade de Breuer, me faire une objection qui, certainement, est plausible. Tous les traumatismes de cette jeune fille provenaient de l'époque où elle soignait son père malade et ses symptômes ne sont que les marques du souvenir qu'elle a conservé de la maladie et de la mort de son père. Le fait de conserver si vivante la mémoire du disparu, et cela peu de temps après sa mort, n'a donc, direz-vous, rien de pathologique ; c'est au contraire un processus affectif tout à fait normal. – Je vous l'accorde volontiers : chez la malade de Breuer, cette pensée qui reste fixée aux traumatismes n'a rien d'extraordinaire. Mais, dans d'autres cas, ainsi pour ce tic que j'ai traité et dont les causes remontaient à quinze et à dix ans dans le passé, on voit nettement que cette sujétion au passé a un caractère nettement pathologique. Cette sujétion, la malade de Breuer l'aurait probablement développée aussi, si elle ne s'était pas soumise au traitement *cathartique* peu de temps après l'expérience vécue et l'apparition de ses symptômes.

Nous n'avons parlé jusqu'ici des symptômes hystériques que dans leurs relations avec l'histoire de la vie des malades. Mais nous avons encore à considérer deux autres circonstances dont Breuer fait mention et qui nous feront saisir le mécanisme de l'apparition de la maladie et celui de sa disparition. Insistons d'abord sur ce fait que la malade de Breuer, dans toutes les situations pathogènes, devait réprimer une forte excitation, au lieu de la laisser s'épancher par les voies affectives habituelles, paroles et actes. Lors du petit incident avec le chien de sa gouvernante, elle réprima, par égard pour celle-ci, l'expression d'un dégoût intense; pendant qu'elle veillait au chevet de son père, son souci continuel était de ne rien laisser voir au malade de son angoisse et de son douloureux état d'âme. Lorsque plus tard elle reproduisit ces mêmes scènes devant son médecin, l'*affect* refoulé autrefois ressuscita avec une violence particulière, comme s'il s'était conservé intact pendant tout ce temps. Bien plus, le symptôme qui avait subsisté de cette scène présenta son plus haut degré d'intensité au fur et à mesure que le médecin s'efforçait d'en découvrir l'origine, pour disparaître dès que celle-ci eut été complètement démasquée. On put, d'autre part, constater que le souvenir de la scène en présence du médecin restait sans effet si, pour une raison quelconque, il se déroulait sans être accompagné d'émotions, d'*affects*. C'est apparemment de ces *affects*, que l'on pouvait se représenter comme des grandeurs déplaçables, que dépendent et la maladie et le rétablissement de la santé. On fut ainsi conduit à admettre que le patient, tombé malade de l'émotion déclenchée par une circonstance pathogène, n'a pu l'exprimer normalement, et qu'elle est ainsi restée « coincée ». Ces *affects* coincés ont une double destinée. Tantôt ils persistent tels quels et font sentir leur poids sur toute la vie psychique, pour laquelle ils sont une source d'irritation perpétuelle. Tantôt ils se transforment en processus physiques anormaux, processus d'*innervation* ou d'*inhibition* (paralysie), qui ne sont pas autre chose que les symptômes physiques de la névrose. C'est ce que nous avons appelé l'*hystérie de conversion*. Dans la vie normale, une certaine quantité de notre énergie affective est employée à l'innervation corporelle et produit le phénomène de l'expression des émotions, que nous connaissons tous. L'hystérie de conversion n'est pas autre chose qu'une expression des *affects* exagérée et qui se traduit par des moyens inaccoutumés. Si un fleuve s'écoule dans deux canaux, l'un d'eux se trouvera plein à déborder aussitôt que, dans l'autre, le courant rencontrera un obstacle.

Vous voyez que nous sommes sur le point d'arriver à une théorie purement psychologique de l'hystérie, théorie dans laquelle nous donnons la première place au processus affectif. Une deuxième observation de Breuer nous oblige à accorder, dans le déterminisme des processus morbides, une grande importance aux états de la conscience. La malade de Breuer présentait, à côté de son état normal, des états d'âme multiples, états d'absence, de confusion, changement de caractère. À l'état normal, elle ne savait rien de ces scènes pathogènes et de leurs rapports avec ses symptômes. Elle les avait oubliées ou ne les mettait pas en relation avec sa maladie. Lorsqu'on l'hypnotisait, il fallait faire de grands efforts pour lui remettre ces scènes en mémoire, et c'est ce travail de réminiscence qui supprimait les symptômes. Nous serions bien embarrassés pour interpréter cette constatation, si l'expérience et l'expérimentation de l'hypnose n'avaient montré le chemin à suivre. L'étude des phénomènes hypnotiques nous a habitués à cette conception d'abord étrange que, dans un seul et même individu, il peut y avoir plusieurs groupements psychiques, assez indépendants pour qu'ils ne sachent rien les uns des autres et qui tirent alternativement la conscience à eux. Des cas de ce genre, que l'on appelle « double conscience », peuvent, à l'occasion, se présenter spontanément à l'observation. Si, dans un tel clivage de la personnalité, la conscience reste constamment liée à l'un des deux états, on nomme cet état : l'état psychique *conscient*, et l'on appelle *inconscient* celui qui en est séparé. Le phénomène connu sous le nom de suggestion posthypnotique, dans lequel un ordre donné au cours de l'hypnose se réalise plus tard, coûte que coûte, à l'état normal, donne une image excellente de l'influence que l'état conscient peut recevoir de l'inconscient, et c'est d'après ce modèle qu'il nous est possible de comprendre les phénomènes observés dans l'hystérie. Breuer se décida à admettre que les symptômes hystériques auraient été provoqués durant des états d'âme spéciaux qu'il appelait *hypnoïdes*. Les excitations qui se produisent dans les états hypnoïdes de ce genre deviennent facilement pathogènes, parce qu'elles ne trouvent pas dans ces états des conditions nécessaires à leur aboutissement normal. Il se produit alors cette chose particulière qui est le symptôme, et qui pénètre dans l'état normal comme un corps étranger. D'autant plus que le sujet n'a pas conscience de la cause de son mal. Là où il y a un symptôme, il y a aussi amnésie, un vide, une lacune dans le souvenir, et, si l'on réussit à combler cette lacune, on supprime par là même le symptôme.

Je crains que cette partie de mon exposé ne vous paraisse pas très claire. Mais soyez indulgents. Il s'agit de vues nouvelles et difficiles qu'il est peut-être impossible de présenter plus clairement, pour le moment tout au moins. L'hypothèse breuerienne des états *hypnoïdes* s'est d'ailleurs montrée encombrante et superflue, et la psychanalyse moderne l'a abandonnée. Vous apprendrez plus tard tout ce qu'on a encore découvert derrière les états *hypnoïdes* de Breuer. Vous aurez aussi sans doute, et à bon droit, l'impression que les recherches de Breuer ne pouvaient vous donner qu'une théorie incomplète et une explication insuffisante des faits observés. Mais des théories parfaites ne tombent pas ainsi du ciel, et vous vous méfieriez à plus forte raison de l'homme qui, dès le début de ses observations, vous présenterait une théorie sans lacune et complètement parachevée. Une telle théorie ne saurait être qu'un produit de la spéculation et non le fruit d'une étude sans parti pris de la réalité.

DEUXIÈME LEÇON

Conception nouvelle de l'hystérie. Refoulement et résistance. Le conflit psychique. Le symptôme est le substitut d'une idée refoulée. La méthode psychanalytique.

Mesdames et Messieurs,

À peu près à l'époque où Breuer appliquait sa *talking cure*, Charcot poursuivait, à la Salpêtrière, ses recherches sur l'hystérie, qui devaient aboutir à une nouvelle conception de cette névrose. La conclusion à laquelle il parvenait n'était alors pas connue à Vienne. Mais lorsque, dix ans plus tard, nous publiâmes, Breuer et moi, notre communication préliminaire sur le mécanisme psychique des phénomènes hystériques, inspirée par les résultats du traitement cathartique de la première malade de Breuer, nous étions en plein sous l'influence des travaux de Charcot. Nous fîmes alors de nos traumatismes psychiques les équivalents des traumatismes physiques dont Charcot avait établi le rôle dans le déterminisme des paralysies hystériques. Et l'hypothèse des états hypnoïdes de Breuer n'est qu'un écho des expériences du professeur français relatives à la production, sous hypnose, de paralysies en tous points semblables aux paralysies traumatiques.

L'illustre clinicien, dont je fus l'élève en 1885-1886, était peu enclin aux conceptions psychologiques. Ce fut son disciple Pierre Janet qui tenta d'analyser de près les processus psychiques de l'hystérie, et nous suivîmes son exemple, en faisant du dédoublement mental et de la dissociation de la personnalité le pivot de notre théorie. La théorie de Janet repose sur les doctrines admises en France relatives au rôle de l'hérédité et de la dégénérescence dans l'origine des maladies. D'après cet auteur, l'hystérie est une forme d'altération dégénérative du système nerveux, qui se manifeste par une faiblesse congénitale de la synthèse psychique. Voici ce qu'il entend par là : les hystériques seraient incapables de maintenir en une seule unité les multiples phénomènes psychiques, et il en résulterait la tendance à la dissociation mentale. Si vous me permettez une comparaison un peu banale, mais claire, l'hystérique de Janet fait penser à une femme qui est sortie pour faire des emplettes et revient chargée de boîtes et de paquets. Mais ses deux bras et ses dix doigts ne lui suffisent pas pour embrasser convenablement tout son bagage, et voilà un paquet qui glisse à terre. Elle se baisse pour le ramasser, mais c'est un autre qui dégringole. Et ainsi de suite.

Cependant, il est des faits qui ne cadrent pas très bien avec cette théorie de la faiblesse mentale. Ainsi, on constate chez les hystériques certaines capacités qui diminuent, d'autres qui augmentent, comme s'ils voulaient compenser d'un côté ce qui est réduit de l'autre. Par exemple, à l'époque où la malade de Breuer avait oublié sa langue maternelle ainsi que toutes les autres, sauf l'anglais, elle parlait celle-ci avec une telle perfection qu'elle était capable, quand on lui mettait dans les mains un livre allemand, de faire à livre ouvert une traduction excellente.

Lorsque, plus tard, j'entrepris de continuer seul les recherches commencées par Breuer, je me formai bientôt une opinion différente sur l'origine de la dissociation hystérique (clivage de la conscience). Une telle divergence devait se produire, puisque je n'étais pas parti, comme Janet, d'expériences de laboratoire, mais de nécessités thérapeutiques.

Ce qui m'importait avant tout, c'était la pratique. Le traitement cathartique, appliqué par Breuer, exigeait qu'on plongeât le malade dans une hypnose profonde puisque seul l'état hypnotique lui permettait de se rappeler les événements pathogènes qui lui échappaient à l'état normal. Or, je n'aimais pas l'hypnose; c'est un procédé incertain et qui a quelque chose de mystique. Mais lorsque j'eus constaté que, malgré tous mes efforts, je ne pouvais mettre en état d'hypnose qu'une petite partie de mes malades, je décidai d'abandonner ce procédé et de rendre le traitement cathartique indépendant de lui. Puisque je ne pouvais modifier à mon gré l'état psychique de mes patients, j'essayai donc d'opérer en laissant les malades dans leur état normal. Cela semblait au premier abord une entreprise insensée et sans chance de succès. Il s'agissait d'apprendre du malade quelque chose qu'on ne savait pas et que lui-même ignorait. Comment pouvait-on espérer y parvenir ? Je me souvins alors d'une expérience étrange et instructive que j'avais vue chez Bernheim, à Nancy ; Bernheim nous avait montré que les sujets qu'il avait mis en somnambulisme hypnotique et auxquels il avait fait accomplir divers actes n'avaient perdu qu'apparemment le souvenir de ce qu'ils avaient vu et vécu sous l'hypnose, et qu'il était possible de réveiller en eux ces souvenirs à l'état normal. S'il les interrogeait, une fois réveillés, sur ce qui s'était passé, ces sujets prétendaient d'abord ne rien savoir ; mais s'il ne cédait pas, s'il les pressait, s'il leur assurait qu'ils le pouvaient, alors les souvenirs oubliés reparaissaient sans manquer.

J'agis de même avec mes malades. Lorsqu'ils prétendaient ne plus rien savoir, je leur affirmais qu'ils savaient, qu'ils n'avaient qu'à parler, et j'osais même affirmer que le souvenir qui leur reviendrait au moment où je mettrais la main sur leur front serait le bon. De cette manière, je réussis, sans employer l'hypnose, à apprendre des malades tout ce qui était nécessaire pour établir le rapport entre les scènes pathogènes oubliées et les symptômes qui en étaient les résidus. Mais c'était un procédé pénible et épuisant à la longue, qui ne pouvait s'imposer comme une technique définitive.

Je ne l'abandonnai pourtant pas sans en avoir tiré des conclusions décisives : la preuve était faite que les souvenirs oubliés ne sont pas perdus, qu'ils restent en la possession du malade, prêts à surgir, associés à ce qu'il sait encore. Mais il existe une force qui les empêche de devenir conscients et les oblige à rester inconscients. L'existence de cette force peut être considérée comme certaine, car on sent un effort quand on essaie de ramener à la conscience les souvenirs inconscients. Cette force, qui maintient l'état morbide, on l'éprouve comme une résistance opposée par le malade.

C'est sur cette idée de résistance que j'ai fondé ma conception des processus psychiques dans l'hystérie. La suppression de cette résistance s'est montrée indispensable au rétablissement du malade. D'après le mécanisme de la guérison, on peut déjà se faire une idée très précise de la marche de la maladie. Les mêmes forces qui, aujourd'hui, s'opposent comme résistance à la réintégration de l'oublié dans le conscient sont assurément celles qui ont, au moment du traumatisme, provoqué cet oubli et qui ont refoulé dans l'inconscient les incidents pathogènes. J'ai appelé *refoulement* ce processus supposé par moi et je l'ai considéré comme prouvé par l'existence indéniable de la *résistance*.

Mais on pouvait encore se demander ce qu'étaient ces forces, et quelles étaient les conditions de ce refoulement où nous voyons aujourd'hui le mécanisme pathogène de l'hystérie. Ce que le traitement cathartique nous avait appris nous permet comparativement de répondre à cette question. Dans tous les cas observés, on constate qu'un souhait violent a été ressenti, qui s'est trouvé en complète opposition avec les autres souhaits de l'individu, inconciliable avec les aspirations éthiques et esthétiques de sa personne. Un bref conflit s'est ensuivi ; à l'issue de ce combat intérieur, la représentation inconciliable du souhait est devenue l'objet du refoulement, elle a été chassée hors de la conscience et oubliée. Puisque la représentation en question est inconciliable avec le moi du malade, le refoulement se produit sous forme d'exigences morales ou autres de la part de l'individu. L'acceptation du souhait inconciliable ou la prolongation du conflit auraient provoqué un déplaisir intense ; le refoulement épargne ce déplaisir, il apparaît ainsi comme un moyen de protéger la personne psychique.

Je me limiterai à l'exposé d'un seul cas, dans lequel les conditions et l'utilité du refoulement sont clairement révélées. Néanmoins, je dois encore écourter ce cas et laisser de côté d'importantes hypothèses. Une jeune fille avait récemment perdu un père tendrement aimé, après avoir aidé à le soigner – situation analogue à celle de la malade de Breuer. Sa sœur aînée s'étant mariée, elle se prit d'une vive affection pour son beau-frère, affection qui passa, du reste, pour une simple intimité comme on en rencontre entre les membres d'une même famille. Mais bientôt cette sœur tomba malade et mourut pendant une absence de notre jeune fille et de sa mère. Celles-ci furent rappelées en hâte, sans être entièrement instruites du douloureux événement. Lorsque la jeune fille arriva au chevet de sa sœur morte, en elle émergea, pour une seconde, une idée qui pouvait s'exprimer à peu près ainsi : *maintenant il est libre et il peut m'épouser*. Il est certain que cette idée, qui trahissait à la conscience de la jeune fille l'amour intense qu'elle éprouvait sans le savoir pour son beau-frère, la révolta et fut immédiatement refoulée. La jeune fille tomba malade à son tour, présenta de graves symptômes hystériques, et lorsque je la pris en traitement, il apparut qu'elle avait radicalement oublié cette scène devant le lit mortuaire de sa sœur et le mouvement de haine et d'égoïsme qui s'était emparé d'elle. Elle s'en souvint au cours du traitement, reproduisit cet incident avec les signes de la plus violente émotion, et le traitement la guérit.

J'illustrerai le processus du refoulement et sa relation nécessaire avec la résistance par une comparaison grossière que je vais justement tirer de notre situation présente. Supposez que dans cette salle de conférences, dans mon auditoire calme et attentif, il se trouve pourtant un individu qui se conduise de façon à me déranger et qui me trouble par des rires inconvenants, par son bavardage ou en tapant des pieds. Je déclarerai que je ne peux continuer à professer ainsi ; sur ce, quelques auditeurs vigoureux se lèveront et, après une brève lutte, mettront le personnage à la porte. Il sera « refoulé » et je pourrai continuer ma conférence. Mais, pour que le trouble ne se reproduise plus, au cas où l'expulsé essaierait de rentrer dans la salle, les personnes qui sont venues à mon aide iront adosser leurs chaises à la porte et former ainsi comme une résistance une fois le refoulement effectué. Si maintenant l'on transporte sur le plan psychique les événements de notre exemple, si l'on fait de la salle de conférences le conscient, et du vestibule l'inconscient, voilà une assez bonne image du refoulement.

C'est en cela que notre conception diffère de celle de Janet. Pour nous, le clivage psychique ne vient pas d'une inaptitude innée de l'appareil mental à la synthèse ; nous l'expliquons dynamiquement par le conflit de deux forces psychiques, nous voyons en elle le résultat d'une révolte active des deux constellations psychiques, le conscient et l'inconscient, l'une contre l'autre. Cette conception nouvelle soulève beaucoup de nouveaux problèmes. Ainsi le conflit psychique est certes très fréquent et le moi cherche à se défendre contre les souvenirs pénibles, sans provoquer pour autant un clivage psychique. Force est donc d'admettre que d'autres conditions sont encore requises pour amener une dissociation. J'accorde volontiers que l'hypothèse du refoulement constitue non pas le terme mais bien le début d'une théorie psychologique ; mais nous ne pouvons progresser que pas à pas, et il faut nous laisser le temps d'approfondir notre idée.

Qu'on se garde aussi d'essayer d'interpréter le cas de la jeune fille de Breuer à l'aide de la théorie du refoulement. L'histoire de cette malade ne s'y prête pas, car les données en ont été obtenues par l'influence hypnotique. Ce n'est qu'en écartant l'hypnose que l'on peut constater les résistances et les refoulements et se former une représentation exacte de l'évolution pathogène réelle. Dans l'hypnose, la résistance se voit mal, parce que la porte est ouverte sur l'arrière-fond psychique ; néanmoins, l'hypnose accentue la résistance aux frontières de ce domaine, elle en fait un mur de fortification qui rend tout le reste inabordable.

Le résultat le plus précieux auquel nous avait conduit l'observation de Breuer était la découverte de la relation des symptômes avec les événements pathogènes ou traumatismes psychiques. Comment allons-nous interpréter tout cela du point de vue de la théorie du refoulement ? Au premier abord, on ne voit vraiment pas comment, à partir du refoulement, on peut parvenir à la formation de symptôme. Mais au lieu de me livrer à une déduction théorique compliquée, je vais reprendre ici notre comparaison de tout à l'heure. Il est certain qu'en éloignant le mauvais sujet qui dérangeait la leçon et en plaçant des sentinelles devant la porte, tout n'est pas fini. Il peut très bien arriver que l'expulsé, amer et résolu, provoque encore du désordre. Il n'est plus dans la salle, c'est vrai ; on est débarrassé de sa présence, de son rire moqueur, de ses remarques à haute voix ; mais à certains égards, le refoulement est pourtant resté inefficace, car voilà qu'au-dehors l'expulsé fait un vacarme insupportable ; il crie, donne des coups de poing contre la porte et trouble ainsi la conférence plus que par son attitude précédente. Dans ces conditions, il serait heureux que le président de la réunion, le Dr Stanley Hall, veuille bien assumer le rôle de médiateur et de pacificateur. Il parlementerait avec le personnage récalcitrant, puis il s'adresserait aux auditeurs et leur proposerait de le laisser rentrer, prenant sur lui de garantir une meilleure conduite. Nous reposant sur l'autorité du Dr Hall, nous déciderions de supprimer le refoulement et le calme et la paix renaîtraient. Voilà une image assez juste de la tâche qui incombe au médecin dans le traitement psychanalytique des névroses.

Exprimons-nous maintenant sans images : l'examen d'autres malades hystériques et d'autres névrosés nous conduit à la conviction qu'ils n'ont pas réussi à refouler l'idée à laquelle est lié leur souhait insupportable. Ils l'ont bien chassée de leur conscience et de leur mémoire, et se sont épargné, apparemment, une grande somme de déplaisir, *mais le souhait refoulé continue à subsister dans l'inconscient* ; il guette une occasion de se manifester et il réapparaît bientôt à la conscience, mais sous une forme qui le rend méconnaissable ; en d'autres termes, l'idée refoulée est remplacée dans la conscience par une autre qui lui sert de *substitut*, d'*ersatz*, et à laquelle viennent s'attacher toutes les impressions de malaise que l'on croyait avoir écartées par le refoulement. Ce substitut de l'idée refoulée – le symptôme – est protégé contre de nouvelles attaques de la part du moi ; et, au lieu d'un court conflit, intervient maintenant une souffrance continuelle. À côté des signes de déformation, le symptôme offre un reste de ressemblance avec l'idée refoulée. Les procédés de formations substitutives se trahissent pendant le traitement psychanalytique du malade, et il est nécessaire pour la guérison que le symptôme soit ramené par ces mêmes moyens à l'idée refoulée. Si l'on parvient à ramener ce qui est refoulé au conscient – cela suppose que des résistances considérables ont été surmontées –, alors le conflit psychique né de cette réintégration, et que le malade voulait éviter, peut trouver sous la direction du médecin une meilleure solution que celle du refoulement. Une telle méthode parvient à faire évanouir conflits et névroses. Tantôt le malade convient qu'il a eu tort de refouler le souhait pathogène et il accepte totalement ou partiellement ce souhait ; tantôt le souhait lui-même est dirigé vers un but plus élevé et, pour cette raison, moins sujet à critique (c'est ce que je nomme la *sublimation*) ; tantôt on reconnaît qu'il était juste de le rejeter, mais on remplace le mécanisme automatique, donc insuffisant, du refoulement par un jugement de condamnation morale rendu avec l'aide des plus hautes instances spirituelles de l'homme ; on parvient à sa domination consciente.

Pardonnez-moi de n'avoir pas décrit de façon

plus claire et plus compréhensible les principaux points de vue de la méthode de traitement appelée maintenant *psychanalyse.* Les difficultés ne tiennent pas seulement à la nouveauté du sujet. De quelle nature sont les désirs insupportables qui, malgré le refoulement, savent encore se faire entendre du fond de l'inconscient ? Dans quelles conditions subjectives ou constitutionnelles le refoulement échoue-t-il et se forme-t-il un substitut ou symptôme ? Nous allons le voir.

TROISIÈME LEÇON

Le principe du déterminisme psychique. Le mot d'esprit. Le complexe. Les rêves et leur interprétation. L'analyse des rêves. Actes manqués, lapsus, actes symptomatiques. Multiple motivation.

Mesdames et Messieurs,

Il n'est pas toujours facile d'être exact, surtout quand il faut être bref. Aussi suis-je obligé de corriger aujourd'hui une erreur commise dans ma précédente conférence. Je vous avais dit que lorsque, renonçant à l'hypnose, on cherchait à réveiller les souvenirs que le sujet pouvait avoir de sa maladie, en lui demandant de dire ce qui lui venait à l'esprit, la première idée qui surgissait se rapportait à ce qui était prétendument oublié ; l'idée incidente qui surgissait contenait à coup sûr l'élément cherché. La première idée incidente apportait l'élément juste et s'avérait être la continuation oubliée du souvenir. Ce n'est pas toujours exact. Je n'ai présenté la chose aussi simplement que pour être bref. En réalité, les premières fois seulement, une simple insistance, une pression de ma part suffisait pour faire apparaître l'événement oublié. Si l'on persistait dans ce procédé, des idées surgissaient bien, mais il était fort douteux qu'elles correspondent réellement à l'événement recherché : elles semblaient n'avoir aucun rapport avec lui, et d'ailleurs les malades eux-mêmes les rejetaient comme inadéquates. La pression n'était plus d'aucun secours et l'on pouvait regretter d'avoir renoncé à l'hypnose.

Incapable d'en sortir, je m'accrochai à un principe dont la légitimité scientifique a été démontrée plus tard par mon ami C. G. Jung et ses élèves à Zurich. (Il est parfois bien précieux d'avoir des préjugés !) C'est celui du déterminisme psychique, en la rigueur duquel j'avais la foi la plus absolue. Je ne pouvais pas me figurer qu'une idée surgissant spontanément dans la conscience d'un malade, surtout une idée éveillée par la concentration de son attention, pût être tout à fait arbitraire et sans rapport avec la représentation oubliée que nous voulions retrouver. Qu'elle ne lui fût pas identique, cela s'expliquait par l'état psychologique supposé. Deux forces agissaient l'une contre l'autre dans le malade ; d'abord son effort conscient pour ramener à la conscience les choses oubliées, mais latentes dans son inconscient ; d'autre part la résistance que je vous ai décrite et qui s'oppose au passage à la conscience des éléments refoulés ou de leurs rejetons. Si cette résistance est nulle ou très faible, la chose oubliée devient consciente sans se déformer ; on était donc autorisé à admettre que la déformation de l'objet recherché serait d'autant plus grande que l'opposition à son arrivée à la conscience serait plus forte. L'idée qui se présentait à l'esprit du malade à la place de celle qu'on cherchait à rappeler avait donc elle-même la valeur d'un symptôme. C'était un substitut nouveau, artificiel et éphémère de la chose refoulée et qui lui ressemblait d'autant moins que sa déformation, sous l'influence de la résistance, avait été plus grande. Pourtant, il devait y avoir une certaine similitude avec la chose recherchée, puisque c'était un symptôme et, si la résistance n'était pas trop intense, il devait être possible de deviner, au moyen des idées spontanées, l'élément caché qui se dérobait. L'idée surgissant dans l'esprit du malade est, par rapport à l'élément refoulé, comme une allusion, comme une traduction de celui-ci dans un autre langage.

Nous connaissons dans la vie psychique normale des situations analogues qui conduisent à des résultats semblables. Tel est le cas du *mot d'esprit*. Les problèmes de la technique psychanalytique m'ont obligé à m'occuper ainsi de la formation du mot d'esprit. Je vais vous en donner un exemple au demeurant en langue anglaise.

On raconte que deux commerçants peu scrupuleux, ayant réussi à acquérir une grande fortune au moyen de spéculations pas très honnêtes, s'efforçaient d'être admis dans la bonne société. Il leur sembla donc utile de faire faire leurs portraits par un peintre très célèbre et très cher. Les deux spéculateurs donnèrent une grande soirée pour faire admirer ces tableaux coûteux et conduisirent eux-mêmes un critique d'art influent devant la paroi du salon où les portraits étaient suspendus l'un à côté de l'autre pour lui arracher un jugement admiratif. Le critique considéra longuement les deux portraits, puis secoua la tête comme s'il lui manquait quelque chose, et se borna à demander, en indiquant l'espace libre entre les tableaux : « *And where is the Saviour ?* » (« Et où est le Sauveur ? »)

Vous riez tous. Analysons cette plaisanterie. Évidemment, le critique a voulu dire : « Vous êtes deux coquins, comme ceux entre lesquels on a crucifié le Sauveur. » Cependant, il ne l'a pas dit. Il a dit autre chose qui, au premier abord, paraît tout à fait étrange, incompréhensible, sans rapport avec la situation présente. On ne tarde pourtant pas à discerner dans cette exclamation du critique d'art une injure. Elle a la même valeur, la même signification : elle en est le substitut.

Certes, nous ne pouvons pas pousser trop loin notre parallèle entre le cas du mot d'esprit et les associations fournies par les malades ; cependant, il nous faut souligner la parenté que l'on constate entre les mobiles profonds d'un mot d'esprit et ceux qui font surgir une idée dans la conscience des malades au cours d'un entretien. Pourquoi notre critique n'a-t-il pas exprimé directement sa pensée aux deux coquins ? Parce que, à côté de son désir de leur parler net, d'excellents motifs contraires agissaient sur lui. Il n'est pas sans danger d'insulter des gens dont on est l'invité et qui ont à leur disposition une nombreuse domesticité aux poings solides. Nous avons vu dans la précédente conférence combien les tapageurs et ceux qui méprisent les convenances étaient rapidement « refoulés ». C'est pourquoi notre critique d'art se garde bien d'être explicite et déguise son injure sous la forme d'une simple allusion avec omission. De même, chez nos malades, ces idées-substituts qui surgissent à la place des souvenirs oubliés et dont elles ne sont qu'une idée incidente substitutive plus ou moins déformée.

Suivons l'exemple de l'école de Zurich (Bleuler, Jung, etc.) et appelons *complexe* tout groupe d'éléments représentatifs liés ensemble et chargés d'*affect*. Si, pour rechercher un complexe refoulé, nous partons des souvenirs que le malade possède encore, nous pouvons donc deviner, à condition qu'il nous apporte un nombre suffisant d'associations libres. Nous laissons parler le malade comme il lui plaît, conformément à notre hypothèse d'après laquelle rien ne peut lui venir à l'esprit qui ne dépende indirectement du complexe recherché. Cette méthode pour découvrir les éléments refoulés vous semble peut-être compliquée ; je puis cependant vous assurer que c'est la seule praticable.

Il arrive parfois qu'elle semble échouer : le malade s'arrête brusquement, hésite et prétend n'avoir rien à dire, qu'il ne lui vient absolument rien à l'esprit. S'il en était réellement ainsi, notre procédé serait déficient. Mais une observation minutieuse montre qu'un tel arrêt des associations libres ne se présente jamais. Elles paraissent suspendues parce que le malade retient ou supprime l'idée qu'il vient d'avoir, sous l'influence de résistances revêtant la forme de jugements critiques sur l'idée incidente. On évite cette difficulté en avertissant le malade à l'avance et en exigeant qu'il ne tienne aucun compte de cette critique. Il faut qu'il renonce complètement à tout choix de ce genre et qu'il dise tout ce qui lui vient à l'esprit, même s'il pense que c'est inexact, hors de la question, insensé même, et surtout s'il lui est désagréable que sa pensée s'arrête à une telle idée. S'il se soumet à ces règles, il nous procurera les associations libres qui nous mettront sur les traces du complexe refoulé.

Ces idées spontanées que le malade repousse comme insignifiantes, s'il se trouve sous l'influence de la résistance au lieu de céder au médecin, représentent en quelque sorte, pour le psychanalyste, le minerai dont il extraira le métal précieux par de simples techniques d'interprétation. Si l'on veut acquérir rapidement une idée provisoire des complexes refoulés par un malade, sans encore se préoccuper de leur ordre ni de leurs relations, on se servira de l'expérience d'associations imaginée par Jung[1] et ses élèves. Ce procédé rend au psy-

1. C.G. Jung, *Diagnostische Assoziationsstudien*, 1er vol.

chanalyste autant de services que l'analyse qualitative au chimiste ; on peut s'en passer dans le traitement des névroses, mais il est indispensable pour la démonstration objective des complexes et pour l'étude des psychoses, qui a été entreprise avec tant de succès par l'école de Zurich.

L'examen des idées spontanées qui se présentent au malade, lorsqu'il se soumet à la règle majeure de la psychanalyse, n'est pas le seul de nos moyens techniques qui permette de sonder l'inconscient. Deux autres procédés conduisent au même but : l'interprétation des rêves et celle des erreurs et des lapsus.

J'avoue m'être demandé si, au lieu de vous donner à grands traits une vue d'ensemble de la psychanalyse, je n'aurais pas mieux fait de vous exposer en détail *l'interprétation des rêves*[1]. Un motif personnel et d'apparence secondaire m'en a détourné. Il m'a paru déplacé de me présenter comme un « déchiffreur de songes » dans ce pays tourné vers des buts pratiques avant que vous ne sachiez l'importance que peut revêtir cet art dérisoire et suranné. L'interprétation des rêves est, en réalité, la voie royale de la connaissance de l'inconscient, la base la plus sûre de nos recherches, et c'est l'étude des rêves, plus qu'aucune autre, qui vous convaincra de la valeur de la psychanalyse et vous formera à sa pratique. Quand on me demande comment on peut devenir psychanalyste, je réponds : par l'étude de ses propres rêves.

1. Sigmund Freud, *L'Interprétation des rêves*, 1900.

C'est avec un vrai flair que nos détracteurs n'ont jamais accordé à l'interprétation des rêves l'attention qu'elle méritait ou ont tenté d'en faire l'impasse par les arguments les plus superficiels. Or, si on parvient à résoudre le grand problème du rêve, les questions nouvelles que soulève la psychanalyse n'offrent plus aucune difficulté.

Il convient de noter que nos productions oniriques – nos rêves – ressemblent d'un point de vue externe ou interne aux productions des maladies mentales, d'une part, et que, d'autre part, elles sont compatibles avec une santé parfaite. Celui qui se borne à s'étonner des illusions des sens, des idées bizarres et des modifications de caractère normales que nous offre le rêve, au lieu de chercher à les comprendre, n'a pas non plus la moindre chance de comprendre les productions anormales des états psychiques morbides. Il restera, dans ce domaine, un simple profane... Et il n'est pas paradoxal d'affirmer que la plupart des psychiatres d'aujourd'hui doivent être rangés parmi ces profanes !

Jetons donc un rapide coup d'œil sur le problème du rêve.

D'ordinaire, quand nous sommes éveillés, nous traitons les rêves avec un mépris égal à celui que le malade éprouve à l'égard des idées spontanées que le psychanalyste exige de lui. Nous les vouons à un oubli rapide et complet, comme si nous voulions nous débarrasser au plus vite de cet amas d'incohérences. Notre mépris vient du caractère étrange que revêtent, non seulement les rêves absurdes et stupides, mais aussi ceux qui ne le sont pas. Notre répugnance à nous intéresser à nos rêves s'explique par les tendances impudiques et immorales qui se manifestent ouvertement dans certains d'entre eux. – L'Antiquité, on le sait, n'a pas partagé ce mépris, et aujourd'hui encore le bas peuple reste curieux des rêves auxquels il demande, comme les Anciens, la révélation de l'avenir.

Je m'empresse de vous assurer que je ne vais pas faire appel à des croyances mystiques pour éclairer la question du rêve ; je n'ai du reste jamais rien constaté qui confirme la valeur prophétique d'un songe. Cela n'empêche pas qu'une étude du rêve nous réservera beaucoup de choses merveilleuses.

D'abord, tous les rêves ne sont pas étrangers au rêveur, incompréhensibles et confus pour lui. Si vous vous donnez la peine d'examiner ceux des petits enfants, à partir d'un an et demi, vous les trouvez très simples et facilement explicables. Le petit enfant rêve toujours de la réalisation de désirs que le jour précédent a fait naître en lui, sans les satisfaire. Aucun art divinatoire n'est nécessaire pour trouver cette simple solution ; il suffit seulement de savoir ce que l'enfant a vécu le jour précédent. Nous aurions une solution satisfaisante de l'énigme si l'on démontrait que les rêves des adultes ne sont, comme ceux des enfants, que l'accomplissement des souhaits de la veille. Or c'est bien là ce qui se passe. Les objections que soulève cette manière de voir disparaissent devant une analyse plus approfondie.

Voici la première de ces objections : les rêves des adultes sont le plus souvent incompréhensibles et ne ressemblent guère à la réalisation d'un souhait. – Mais, répondons-nous, c'est qu'ils ont subi une déformation. Leur processus psychique de base aurait dû à l'origine s'exprimer différemment en mots. Il nous faut donc distinguer deux choses : d'une part, le rêve tel qu'il nous apparaît, tel que nous l'évoquons le matin, vague au point que nous avons souvent de la peine à le raconter, à le traduire en mots; c'est ce que nous appellerons le *contenu manifeste du rêve*. D'autre part, nous avons l'ensemble des *idées oniriques latentes*, que nous supposons présentes au rêve du fond même de l'inconscient. Ce processus de déformation est le même que celui qui préside à la naissance des symptômes hystériques. La déformation des rêves résulte donc du même contraste de forces psychiques que dans la formation des symptômes hystériques. Le « contenu manifeste » du rêve est le substitut altéré des « idées oniriques latentes » et cette altération est l'œuvre d'un moi qui se défend; elle naît de résistances qui interdisent absolument aux souhaits inconscients d'entrer dans la conscience à l'état de veille ; mais, dans l'affaiblissement du sommeil, ces forces ont encore assez de puissance pour imposer du moins aux désirs un masque qui les cache. Le rêveur ne déchiffre pas plus le sens de ses rêves que l'hystérique ne pénètre la signification de ses symptômes.

Pour se persuader de l'existence des « idées latentes » du rêve et de la réalité de leur rapport avec le « contenu manifeste », il faut pratiquer *l'analyse des rêves*, dont la technique est la même que la technique psychanalytique dont il a été déjà question. Vous faites complètement abstraction des enchaînements d'idées que semble offrir le « contenu manifeste » du rêve, et vous collectez les « idées latentes », en recherchant quelles associations libres déclenche chacun de ses éléments. Ces associations provoquées conduiront à la découverte des idées latentes du rêveur, de même que, tout à l'heure, nous voyions les associations déclenchées à propos des divers symptômes et souvenirs oubliés nous conduire aux complexes cachés. Ces « idées oniriques latentes », qui constituent le sens profond et réel du rêve, une fois mises en évidence, montrent combien il est légitime de ramener les rêves d'adultes au type des rêves d'enfants. Il suffit en effet de substituer au « contenu manifeste » le sens profond pour que tout s'éclaire : on voit que les divers détails du rêve se rattachent à des impressions du jour précédent et l'ensemble apparaît comme la réalisation d'un souhait non satisfait. Le contenu manifeste du rêve d'après le souvenir au réveil peut donc être considéré comme la réalisation *déguisée* de souhaits *refoulés*.

À présent, voyons brièvement la façon dont les idées inconscientes du rêve se transforment en contenu manifeste. J'appellerai « travail onirique » l'ensemble de cette opération. Elle mérite de retenir tout notre intérêt théorique, car nous pourrons y étudier, comme nulle part ailleurs, quels processus psychiques insoupçonnés peuvent se dérouler dans l'inconscient ou, plus exactement, *entre* deux systèmes psychiques distincts comme le conscient et l'inconscient. Parmi ces processus nouvellement reconnus, il convient d'en noter deux : la *condensation* et le *déplacement*. Le travail onirique est un cas particulier de l'action réciproque des diverses constellations mentales, c'est-à-dire qu'il naît du succès du clivage. Dans ses phases essentielles, ce travail est identique au travail d'altération qui transforme les complexes refoulés en symptômes, lorsque le refoulement a échoué.

Vous serez en outre étonnés de découvrir dans l'analyse des rêves, et spécialement dans celle des vôtres, l'importance inattendue que prennent les impressions et expériences vécues des premières années de l'enfance. Par le rêve, c'est l'enfant qui continue à vivre dans l'homme, avec ses particularités et ses souhaits, même ceux qui sont devenus inutiles. C'est d'un enfant, dont les facultés étaient bien différentes des aptitudes propres à l'homme normal, que celui-ci est sorti. Mais au prix de quelles évolutions, de quels refoulements, de quelles sublimations, de quelles réactions psychiques, cet homme normal s'est-il peu à peu constitué, lui qui est le bénéficiaire – et aussi, en partie, la victime – d'une éducation et d'une culture si péniblement acquises !

J'ai encore constaté, dans l'analyse des rêves

(et je tiens à attirer votre attention là-dessus), que l'inconscient se sert, surtout pour représenter les complexes sexuels, d'un certain symbolisme qui, parfois, varie d'une personne à l'autre, mais qui a aussi des traits généraux et se ramène à certains types de symboles, tels que nous les retrouvons dans les mythes et dans les légendes. Il n'est pas impossible que l'étude du rêve nous permette de comprendre à leur tour ces créations de l'imagination populaire.

On a opposé, à notre théorie que le rêve serait la réalisation d'un souhait, les rêves d'angoisse. Je vous prie instamment de ne pas vous laisser arrêter par cette objection. Outre que ces rêves d'angoisse ont besoin d'être interprétés avant qu'on puisse les juger, il faut dire que l'angoisse en général ne tient pas seulement au contenu du rêve, ainsi qu'on se l'imagine quand on ignore ce qu'est l'angoisse des névrosés. L'angoisse est un refus que le moi oppose aux souhaits refoulés devenus puissants; c'est pourquoi sa présence dans le rêve est très explicable si le rêve exprime trop complètement ces souhaits refoulés.

Vous voyez que l'étude du rêve se justifierait déjà par les éclaircissements qu'elle apporte sur des réalités qui, autrement, seraient difficiles à savoir. Or, nous y sommes parvenus au cours du traitement psychanalytique des névroses. D'après ce que nous avons dit jusqu'ici, il est facile de voir que l'interprétation des rêves, quand elle n'est pas rendue trop pénible par les résistances du malade, conduit à découvrir les souhaits cachés et refoulés, ainsi que les complexes qu'ils entretiennent. Je peux donc passer au troisième groupe de phénomènes psychiques dont tire parti la technique psychanalytique.

Ce sont tous ces actes innombrables de la vie quotidienne, que l'on rencontre aussi bien chez les individus normaux que chez les névrosés et qui se caractérisent par le fait qu'ils manquent leur but : on pourrait les grouper sous le nom d'*actes manqués*. D'ordinaire, on ne leur accorde aucune importance. Ce sont des oublis inexplicables (par exemple l'oubli momentané des noms propres), les *lapsus linguae*, les *lapsus calami*, les erreurs de lecture, les maladresses, la perte ou le bris d'objets, etc., toutes choses auxquelles on n'attribue ordinairement aucune cause psychologique et qu'on considère simplement comme des résultats du hasard, des produits de la distraction, de l'inattention, etc. À cela s'ajoutent encore les actes et les gestes que les hommes accomplissent sans les remarquer et, à plus forte raison, sans y attacher d'importance psychique : jouer machinalement avec des objets, fredonner des mélodies, tripoter son corps, ses vêtements, etc.[1]. Ces petits faits, les *actes manqués*, comme les *actes symptomatiques* et les *actes de hasard*, ne sont pas si dépourvus de signification qu'on est disposé à l'admettre en vertu d'une sorte d'accord tacite. Ils

1. Voir Sigmund Freud, *Psychopathologie de la vie quotidienne*, Paris, Payot, coll. « Petite Bibliothèque Payot », 2001. (*N.d.É.*)

ont un sens et sont, la plupart du temps, faciles à interpréter. On découvre alors qu'ils expriment, eux aussi, des pulsions et des intentions que l'on veut cacher à sa propre conscience et qu'ils ont leur source dans des souhaits et des complexes refoulés, semblables à ceux des symptômes et des rêves. Considérons-les donc comme des symptômes ; leur examen attentif peut conduire à mieux connaître notre vie intérieure. C'est par eux que l'homme trahit le plus souvent ses secrets les plus intimes. S'ils sont habituels et fréquents, même chez les gens sains qui ont réussi à refouler leurs tendances inconscientes, cela tient à leur futilité et à leur peu d'apparence. Mais leur valeur théorique est grande, puisqu'ils nous prouvent l'existence du refoulement et des substituts, même chez des personnes bien portantes.

Vous remarquerez déjà que le psychanalyste se distingue par sa foi dans le déterminisme de la vie psychique. Celle-ci n'a, à ses yeux, rien d'arbitraire ni de fortuit ; il imagine une cause particulière là où, d'habitude, on n'a pas l'idée d'en supposer. Bien plus : il fait souvent appel à plusieurs causes, à une *multiple motivation*, pour rendre compte d'un phénomène psychique, alors que d'habitude on se déclare satisfait avec une seule cause pour chaque phénomène psychologique.

Rassemblez maintenant tous les moyens de découvrir ce qui est caché, oublié, refoulé dans la vie psychique : l'étude des associations qui naissent spontanément dans l'esprit du malade, celle de ses rêves, de ses maladresses, actes manqués, actes symptomatiques de toute sorte, ajoutez-y l'utilisation d'autres phénomènes qui se produisent pendant le traitement psychanalytique et sur lesquels je ferai plus tard quelques remarques quand je parlerai du transfert, vous conclurez avec moi que notre technique est déjà assez efficace pour ramener à la conscience les éléments psychiques pathogènes et pour écarter les maux produits par la formation de symptômes-substituts. Nous voyons, et nous nous en félicitons, que nos efforts thérapeutiques ont encore pour conséquence d'enrichir nos connaissances théoriques sur la vie psychique, normale et pathologique.

Je ne sais si vous avez eu l'impression que la technique dont je viens de vous décrire l'arsenal est particulièrement difficile. Je crois qu'elle est tout à fait appropriée à son objet. Pourtant, cette technique n'est pas évidente d'elle-même ; elle doit être enseignée, comme la méthode histologique ou chirurgicale. Vous serez peut-être étonnés d'apprendre qu'en Europe nous l'avons entendu juger par une quantité de personnes qui ne savent rien de la psychanalyse, qui ne l'emploient pas et qui poussent l'ironie jusqu'à exiger que nous leur prouvions l'exactitude de nos résultats. Il y a certainement, parmi ces contradicteurs, des gens qui ont l'habitude de la pensée scientifique ; qui, par exemple, ne repousseraient pas les conclusions d'une recherche au microscope parce qu'on ne pourrait pas les confirmer en examinant la préparation anatomique à l'œil nu, et qui, en tout cas, ne se prononceraient pas avant d'avoir considéré eux-mêmes la chose au moyen du microscope. Mais la psychanalyse, il est vrai, est dans une situation spéciale, qui lui rend plus difficile d'obtenir l'approbation. Que veut le psychanalyste, en effet ? Ramener à la surface de la conscience tout ce qui en a été refoulé. Or, chacun de nous a refoulé beaucoup de choses que nous maintenons peut-être avec peine dans notre inconscient. La psychanalyse provoque donc, chez ceux qui en entendent parler, la même résistance qu'elle provoque chez les malades. C'est de là que vient sans doute l'opposition si vive, si instinctive, que notre discipline a le don d'exciter. Cette résistance prend du reste le masque de l'opposition intellectuelle et enfante des arguments analogues à ceux que nous écartons chez nos malades au moyen de la règle psychanalytique fondamentale. Tout comme chez eux, nous pouvons aussi constater chez nos adversaires que leur jugement se laisse fréquemment influencer par des motifs affectifs, d'où leur tendance à la sévérité. La vanité de la conscience, qui repousse si dédaigneusement le rêve par exemple, est un des obstacles les plus sérieux à la pénétration des complexes inconscients ; c'est pourquoi il est si difficile de persuader les hommes de la réalité de l'inconscient et de leur enseigner une nouveauté qui contredit les notions dont s'est accommodée leur connaissance consciente.

QUATRIÈME LEÇON

Les complexes pathogènes. Les symptômes morbides sont liés à la sexualité. La sexualité infantile. L'auto-érotisme. La libido et son évolution. Perversion sexuelle. Le complexe d'Œdipe.

Mesdames et Messieurs,

Voyons maintenant ce que les procédés techniques que je viens de décrire nous ont appris sur les complexes pathogènes et les souhaits refoulés des névrosés.

Eh bien, avant toute chose, la première découverte à laquelle la psychanalyse nous conduit, c'est que, avec une régularité surprenante, les symptômes morbides se trouvent liés à la vie amoureuse du malade ; elle nous montre que les désirs pathogènes sont de la nature des composantes érotiques et nous oblige à considérer les troubles de la vie sexuelle comme une des causes les plus significatives de la maladie et à coup sûr pour les deux sexes.

Je sais que l'on n'accepte pas volontiers cette opinion. Même des savants qui s'intéressent à mes travaux psychologiques inclinent à croire que j'exagère la part étiologique du facteur sexuel. Ils me disent : pourquoi d'autres excitations psychiques ne provoqueraient-elles pas aussi des phénomènes de refoulement et de substitution ? Je leur réponds que je ne nie rien par doctrine, et que je ne m'oppose pas à ce que cela soit. Mais l'expérience montre que cela n'est pas. L'expérience prouve que les tendances d'origine non sexuelle ne jouent pas un tel rôle, qu'elles peuvent parfois renforcer l'action des facteurs sexuels, mais qu'elles ne les remplacent jamais. Je n'affirme pas ici un postulat théorique ; lorsqu'en 1895 je publiai avec le Dr Josef Breuer nos *Études sur l'hystérie*, je ne professais pas encore cette opinion ; j'ai dû m'y convertir après des expériences nombreuses et concluantes. Il se trouve parmi vous quelques-uns de mes amis et mes partisans les plus fidèles qui ont commencé par se montrer parfaitement incrédules à cet égard, jusqu'à ce que leurs propres expériences analytiques les aient convaincus. L'attitude des malades ne permet guère, il est vrai, de démontrer la justesse de ma proposition. Au lieu de nous aider à comprendre leur vie sexuelle, ils cherchent, au contraire, à la cacher par tous les moyens. Les hommes, en général, ne sont pas sincères dans ce domaine. Ils ne se montrent pas tels qu'ils sont : ils portent un épais manteau de mensonges pour se couvrir, comme s'il faisait mauvais temps dans le monde de la sexualité. Et ils n'ont pas tort ; le soleil et le vent ne sont guère favorables à l'activité sexuelle dans notre culture ; en fait, aucun de nous ne peut librement dévoiler son érotisme à ses semblables. Mais, lorsque les malades ont commencé à s'habituer au traitement psychanalytique, lorsqu'ils s'y sentent à l'aise, ils jettent bas leur manteau mensonger, et alors seulement vous pouvez vous faire une opinion sur la question qui nous occupe. Malheureusement, les médecins ne sont pas plus favorisés que les autres mortels quant à la manière d'aborder les choses de la sexualité, et beaucoup d'entre eux subissent l'attitude, faite à la fois de pruderie et de lubricité, qui est la plus répandue parmi les hommes dits « cultivés ».

Continuons à exposer nos résultats. Dans une autre série de cas, la recherche psychanalytique ramène les symptômes, non pas à des événements sexuels, mais à des événements traumatiques banals. Mais cette distinction perd toute importance pour une raison particulière. Le travail analytique nécessaire pour expliquer et supprimer une maladie ne s'arrête jamais aux événements de l'époque où elle se produisit, mais remonte toujours jusqu'à la puberté et à la première enfance du malade ; là, elle rencontre les événements et les impressions qui ont déterminé la maladie ultérieure. Ce n'est qu'en découvrant ces événements de l'enfance que l'on peut expliquer la sensibilité à l'égard des traumatismes ultérieurs, et c'est en rendant conscients ces souvenirs généralement oubliés que nous en arrivons à pouvoir supprimer les symptômes. Nous parvenons ici aux mêmes résultats que dans l'étude des rêves, à savoir que ce sont les motions de souhait inéluctables et refoulées de l'enfance qui ont prêté leur puissance à la formation de symptômes sans lesquels la réaction aux traumatismes ultérieurs aurait pris un cours normal. Ces puissantes motions de souhait de l'enfant, je les considère, d'une manière générale, comme sexuelles.

Mais je devine votre étonnement, bien naturel d'ailleurs. Y a-t-il donc, demanderez-vous, une *sexualité infantile* ? L'enfance n'est-elle pas plutôt cette période de la vie où manque toute pulsion de ce genre ? À cette question, je vous répondrai : non, Messieurs, la pulsion sexuelle ne pénètre pas dans les enfants à l'époque de la puberté (comme, dans l'Évangile, le diable pénètre dans les truies). L'enfant présente dès son âge le plus tendre les manifestations de cette pulsion ; il apporte ces tendances en venant au monde, et c'est de ces premiers germes que sort, au cours d'une évolution pleine de vicissitudes et aux étapes nombreuses, la sexualité dite normale de l'adulte. Il n'est guère difficile de constater les manifestations de cette activité sexuelle infantile. Ce qui me paraît moins facile, c'est de ne pas l'apercevoir ! Il faut vraiment une certaine dose de bonne volonté pour s'en débarrasser à ce point !

Le hasard m'a mis sous les yeux l'article d'un

Américain qui vient à l'appui de mes affirmations. Son auteur, le Dr Sanford Bell, est chargé de cours ici même où nous nous trouvons. Ce travail a paru dans l'*American Journal of Psychology* en 1902, c'est-à-dire trois ans avant mes *Trois essais sur la théorie sexuelle*. Il a pour titre « A Preliminary Study of the Emotion of Love between the Sexes », et aboutit aux mêmes conclusions que celles que je vous soumettais tout à l'heure. Écoutez plutôt : « L'émotion sexuelle n'apparaît pas pour la première fois au cours de l'adolescence, comme on l'a enseigné jusqu'à présent. » L'auteur a travaillé à la manière américaine et a rassemblé près de deux mille cinq cents observations positives au cours d'une période de quinze ans ; huit cents ont été faites par lui-même. Au sujet des signes par lesquels ces tendances se manifestent, il dit : « En observant sans aucun parti pris ces manifestations chez cent enfants d'un sexe et cent enfants de l'autre sexe, on ne peut éviter de les ramener à une origine sexuelle. On pourra satisfaire l'esprit le plus critique en rapprochant ces observations de confessions d'individus ayant connu dans leur enfance ce genre d'émotion, avec une certaine intensité et dont les souvenirs sont relativement nets. » Ceux d'entre vous qui ne veulent pas croire à la sexualité infantile seront particulièrement étonnés que, parmi ces enfants précocement amoureux, un bon nombre sont âgés seulement de trois, quatre ou cinq ans.

Je ne m'étonnerais pas que vous fassiez plus confiance à un compatriote. J'ai réussi moi-même, il y a peu de temps, grâce à l'analyse d'un garçon de cinq ans qui souffrait d'angoisse (analyse que son propre père a faite avec lui selon les règles)[1], à obtenir une image assez complète des manifestations somatiques et des expressions psychiques de la vie amoureuse de l'enfant à l'un des premiers stades. Et mon ami le Dr C. G. Jung a traité le cas d'une fillette encore plus jeune, qui, à la même occasion que mon malade (naissance d'une petite sœur), trahissait presque les mêmes tendances sensuelles et les mêmes formations de souhaits et de complexes. Je ne doute pas que vous vous habituiez à cette idée, d'abord étrange, de la sexualité infantile et je vous cite comme exemple celui du psychiatre de Zurich, M. Eugen Bleuler, qui, il y a quelques années encore, disait publiquement qu'« il ne comprenait pas du tout mes théories sexuelles », et qui depuis, à la suite de ses propres observations, a confirmé dans toute son étendue l'existence de la sexualité infantile.

Si la plupart des individus, médecins ou non, se refusent à l'admettre, je me l'explique sans peine. Sous la pression de l'éducation, ils ont oublié les manifestations érotiques de leur propre enfance et ne veulent pas qu'on leur rappelle ce qui a été refoulé. Leur manière de voir serait tout autre s'ils voulaient prendre la peine de retrouver, par la psychanalyse, leurs souvenirs d'enfance, les passer en revue et chercher à les interpréter.

Cessez donc de douter, et voyez plutôt comment

---

1. Il s'agit du « petit Hans ». (*N.d.É.*)

ces phénomènes se manifestent dès les premières années[1]. La pulsion sexuelle de l'enfant est très compliquée ; on peut y distinguer de nombreux éléments, issus de sources variées. Tout d'abord, elle est encore indépendante de la fonction de reproduction au service de laquelle elle se mettra plus tard. Elle sert à procurer plusieurs sortes de sensations de plaisir que nous désignons du nom de plaisir sexuel par suite de certaines analogies. La principale source du plaisir sexuel infantile est l'excitation de certaines parties du corps particulièrement sensibles, autres que les organes sexuels : la bouche, l'anus, l'urètre, ainsi que l'épiderme et autres surfaces sensibles. Cette première phase de la vie sexuelle infantile, dans laquelle l'individu se satisfait au moyen de son propre corps et n'a besoin d'aucun objet étranger, nous l'appelons, d'après l'expression créée par Havelock Ellis, la phase de *l'auto-érotisme.* Ces parties propres à procurer le plaisir sexuel, nous les appelons *zones érogènes*. La succion ou tétée des petits enfants est un bon exemple de satisfaction auto-érotique procurée par une zone érogène. Le premier observateur scientifique de ce phénomène, le pédiatre Lindner, de Budapest, avait déjà interprété ces faits, à juste titre, comme une satisfaction sexuelle et décrit à fond le passage de cet acte élémentaire à d'autres formes supérieures de l'activité sexuelle. Une autre satisfaction sexuelle

1. Sigmund Freud, *Trois essais sur la théorie sexuelle*, Paris, Gallimard, 1987.

de cette première époque est l'excitation masturbatoire des organes génitaux, qui conserve pour la suite de la vie une grande importance et que certains individus ne surmontent jamais complètement. À côté de ces activités auto-érotiques, et d'autres du même genre, se manifestent, très vite, chez l'enfant, ces composantes instinctives du plaisir sexuel, ou, comme nous l'appelons volontiers, de la *libido*, qui présupposent une personne étrangère comme objet.

Ces pulsions se présentent par groupes de deux, opposés l'un à l'autre, l'un actif et l'autre passif, dont voici les principaux : le désir-plaisir de faire souffrir (sadisme) avec son opposé passif (masochisme) ; le plaisir de voir et celui d'exhiber (du premier se détachera plus tard le désir de savoir et du second l'exhibition artistique et dramatique). D'autres activités sexuelles de l'enfant appartiennent déjà au stade du *choix de l'objet*, choix dans lequel une personne étrangère devient l'essentiel. Dans les premiers temps de la vie, le choix de cette personne étrangère dépend de la pulsion d'autoconservation. La différence des sexes ne joue pas le rôle décisif dans cette période infantile. Sans crainte de lui faire du mal, on peut attribuer à chaque enfant une légère disposition à l'homosexualité.

Cette vie sexuelle de l'enfant, décousue, complexe, mais dissociée, dans laquelle chaque pulsion indépendamment s'adonne à l'acquisition du plaisir, cette vie se condense et s'organise dans deux directions principales, si bien que la plupart du temps, à la fin de la puberté, le caractère sexuel définitif de l'individu est formé. D'une part, les pulsions se soumettent à la suprématie de la zone génitale, processus par lequel toute la vie sexuelle entre au service de la reproduction, et la satisfaction des premières n'a plus d'importance qu'en tant qu'elle prépare et favorise l'acte sexuel proprement dit. D'autre part, le désir d'une personne étrangère chasse l'auto-érotisme, de sorte que, dans la vie amoureuse, toutes les composantes de la pulsion sexuelle tendent à trouver leur satisfaction auprès de la personne aimée. Mais toutes les composantes pulsionnelles originelles ne sont pas autorisées à prendre part à cette fixation définitive de la vie sexuelle. Avant l'époque de la puberté, sous l'influence de l'éducation, se produisent des refoulements très énergiques de certaines pulsions ; et des puissances psychiques comme la pudeur, le dégoût, la morale, s'établissent en gardiennes pour contenir ce qui a été refoulé. Et, lorsque à la puberté surgit la grande marée des besoins sexuels, ceux-ci trouvent dans ces réactions et ces résistances des digues qui les obligent à suivre les voies dites normales et les empêchent d'animer à nouveau les tendances victimes du refoulement. Ce sont les pulsions *coprophiles* de l'enfance, c'est-à-dire celles qui ont rapport aux excréments ; c'est ensuite l'attachement aux personnes qui avaient été tout d'abord choisies comme objet premier.

Il y a, en pathologie générale, un principe qui nous rappelle que tout processus contient les germes d'une disposition pathologique, en tant qu'il peut être inhibé, retardé ou entravé dans son cours. Il en est de même pour le développement si compliqué de la fonction sexuelle. Tous les individus ne le supportent pas sans encombre ; il laisse après lui des anomalies ou des dispositions à des maladies ultérieures par la voie de la régression. Il peut arriver que les pulsions partielles ne se soumettent pas toutes à la domination des zones génitales ; une pulsion qui reste indépendante forme ce que l'on appelle une *perversion* et substitue au but sexuel normal sa finalité particulière. Comme nous l'avons déjà signalé, il arrive très souvent que l'auto-érotisme ne soit pas complètement surmonté, ce que démontrent les troubles les plus divers qu'on peut voir apparaître au cours de la vie. L'équivalence originelle des deux sexes comme objets sexuels peut persister, d'où il résultera dans la vie de l'homme adulte un penchant à l'homosexualité, qui, à l'occasion, pourra aller jusqu'à l'homosexualité exclusive. Cette série de troubles correspond aux inhibitions du développement des fonctions sexuelles ; elle comprend les *perversions* et l'*infantilisme* général, assez fréquent, de la vie sexuelle.

La disposition aux névroses découle d'une autre sorte de troubles de l'évolution sexuelle. Les névroses sont aux perversions ce que le négatif est au positif ; en elles se retrouvent, comme soutiens des complexes et artisans des symptômes, les mêmes composantes pulsionnelles que dans les perversions ; mais, ici, elles agissent du fond de l'inconscient ; elles ont donc subi un refoulement, mais ont pu, malgré lui, s'affirmer dans l'inconscient. La psychanalyse nous apprend que l'extériorisation trop forte de ces pulsions, à des époques très précoces, a produit une sorte de *fixation partielle* qui représente maintenant un point faible dans la structure de la fonction sexuelle. Si l'accomplissement normal de la fonction à l'âge adulte rencontre des obstacles, c'est précisément à ces points où les fixations infantiles ont eu lieu que se rompra le refoulement réalisé par les diverses circonstances de l'éducation et du développement.

Peut-être me fera-t-on l'objection que tout cela n'est pas de la sexualité. J'emploie le mot dans un sens beaucoup plus large que l'usage ne le réclame, soit. Mais la question est de savoir si ce n'est pas vous qui l'employez dans un sens beaucoup trop étroit, en le limitant au domaine de la reproduction. Vous vous mettez dans l'impossibilité de comprendre les perversions ainsi que la relation qui existe entre perversion, névrose et vie sexuelle normale ; vous ne parvenez pas à connaître la signification des débuts, si facilement observables, de la vie amoureuse somatique et psychique des enfants. Mais, quel que soit le sens dans lequel vous vous décidez, le psychanalyste prend le mot de sexualité dans une acception totale, à laquelle il a été conduit par la constatation de la sexualité infantile.

Revenons encore une fois à l'évolution sexuelle de l'enfant. Il nous faut réparer bien des oublis, du fait que nous avons porté notre attention sur les manifestations somatiques plutôt que sur les manifestations psychiques de la vie sexuelle. Le choix primitif de l'objet chez l'enfant (choix qui dépend de son besoin d'aide) est très intéressant. L'enfant se tourne d'abord vers ceux qui s'occupent de lui; mais ceux-ci disparaissent bientôt derrière les parents. Les rapports de l'enfant avec les parents, comme le prouvent l'observation directe de l'enfant et l'étude analytique de l'adulte, ne sont nullement dépourvus d'éléments sexuels. L'enfant prend ses deux parents, et surtout l'un d'eux, comme objets de désirs. D'habitude, il obéit à une incitation des parents eux-mêmes, dont la tendresse porte un caractère nettement sexuel, inhibé il est vrai dans ses fins. Le père préfère généralement la fille, la mère le fils. L'enfant réagit de la manière suivante : le fils désire se mettre à la place du père, la fille, à celle de la mère. Les sentiments qui s'éveillent dans ces rapports de parents à enfants et dans ceux qui en dérivent entre frères et sœurs ne sont pas seulement positifs, c'est-à-dire tendres : ils sont aussi négatifs, c'est-à-dire hostiles. Le complexe ainsi formé est condamné à un refoulement rapide ; mais, du fond de l'inconscient, il exerce encore une action importante et durable. Nous pouvons supposer qu'il constitue, avec ses dérivés, le *complexe nucléaire* de chaque névrose, et nous nous attendons à le trouver non moins actif dans les autres domaines de la vie psychique. Le *mythe du roi Œdipe* qui tue son père et prend sa mère pour femme est une manifestation peu modifiée du souhait infantile contre lequel se dresse plus tard, pour le repousser, la *barrière de l'inceste*. Au fond du drame d'*Hamlet*, de Shakespeare, on retrouve cette même idée d'un complexe incestueux, mais mieux voilé.

À l'époque où l'enfant est dominé par ce complexe nucléaire non encore refoulé, une partie importante de son activité intellectuelle se met au service de ses intérêts sexuels. Il commence à chercher d'où viennent les enfants, et, au moyen des indices qui lui sont donnés, il devine la réalité plus que les adultes ne le pensent. D'ordinaire, c'est la menace matérielle que constitue la venue d'un nouvel enfant, en qui il ne voit d'abord qu'un concurrent, qui éveille son intérêt de chercheur. Sous l'influence de pulsions partielles, il va se mettre à échafauder un certain nombre de *théories sexuelles infantiles* ; ainsi, il attribuera aux deux sexes le même organe masculin ; les enfants, pense-t-il, sont conçus en mangeant et ils viennent par l'extrémité de l'intestin ; il conçoit le rapport des sexes comme un acte d'hostilité, une sorte de domination violente. Mais sa propre constitution encore impubère, son ignorance, due à la période de latence, notamment des organes féminins, obligent le jeune chercheur à abandonner un travail sans espoir. Toutefois, cette recherche, ainsi que les différentes théories qu'elle produit, influe de manière décisive sur le caractère de l'enfant et sa névrose ultérieure.

Il est inévitable et tout à fait logique que l'enfant fasse de ses parents l'objet de ses premiers choix amoureux. Toutefois, il ne faut pas que sa *libido* reste fixée à ces premiers objets ; elle doit se contenter de les prendre plus tard comme modèles et, à l'époque du choix définitif, passer de ceux-ci à des personnes étrangères. L'enfant doit se détacher de ses parents : c'est inéluctable pour qu'il puisse jouer son rôle social. À l'époque où le refoulement fait son choix parmi les pulsions partielles de la sexualité, et, plus tard, quand il faut se détacher de l'influence des parents (influence qui a fait les principaux frais de ce refoulement), l'éducateur a de grandes tâches, qui, actuellement, ne sont pas toujours remplies avec intelligence.

Mesdames et Messieurs, ces considérations sur la vie sexuelle et le développement psychosexuel ne nous ont éloignés, comme il pourrait le paraître, ni de la psychanalyse, ni du traitement des névroses. Bien au contraire, vous pourriez définir le traitement psychanalytique comme une éducation progressive pour surmonter chez chacun de nous les résidus de l'enfance.

CINQUIÈME LEÇON

Nature et signification des névroses. La fuite hors de la réalité. Le refuge dans la maladie. La régression. Relations entre les phénomènes pathologiques et diverses manifestations de la vie normale. L'art. Le transfert. La sublimation.

Mesdames et Messieurs,

La découverte de la sexualité infantile et la réduction des symptômes névrotiques à des composantes pulsionnelles érotiques nous ont conduits à quelques formules inattendues sur l'essence et les tendances des névroses. Nous voyons que les hommes tombent malades quand, par suite d'obstacles extérieurs ou d'une adaptation insuffisante, la satisfaction de leurs besoins érotiques leur est refusée dans la *réalité*. Nous voyons alors qu'ils se *réfugient dans la maladie*, afin de pouvoir, grâce à elle, obtenir les plaisirs que la vie leur refuse. Nous avons constaté que les symptômes morbides sont une part de l'activité sexuelle de l'individu, ou même sa vie sexuelle tout entière ; et s'éloigner de la réalité, c'est la tendance capitale, mais aussi le risque capital de la maladie. Ajoutons que la résistance de nos malades à se guérir ne relève pas d'une cause simple, mais de plusieurs motifs. Ce n'est pas seulement le moi du malade qui se refuse énergiquement à abandonner des refoulements qui l'aident à se soustraire à ses dispositions originelles ; mais les pulsions sexuelles elles-mêmes ne tiennent nullement à renoncer à la satisfaction que leur procure le substitut fabriqué par la maladie, et tant qu'elles ignorent si la réalité leur fournira quelque chose de meilleur.

La fuite hors de la réalité pénible ne va jamais sans provoquer un certain bien-être, même lorsqu'elle aboutit à cet état que nous appelons maladie parce qu'il est préjudiciable biologiquement. Elle s'accomplit par voie de régression, en évoquant des phases antérieures de la vie sexuelle, qui étaient l'occasion, pour l'individu, de certaines satisfactions. La régression a deux aspects : d'une part, elle reporte l'individu *dans le passé*, en ressuscitant des périodes antérieures de sa *libido*, de son besoin érotique ; d'autre part, elle suscite des expressions qui sont propres à ces périodes *primitives*[1].

1. Ces deux types de régression sont appelées temporelle pour la première et formelle pour la seconde. (*N.d.É.*)

Mais ces deux aspects, aspect chronologique et aspect formel, se ramènent à une formule unique qui est : retour à l'enfance et rétablissement d'une étape infantile de la vie sexuelle.

Plus on approfondit la pathogenèse des névroses, plus on aperçoit les relations qui les unissent aux autres phénomènes de la vie psychique de l'homme, même à ceux auxquels nous attachons le plus de valeur. Et nous voyons combien la réalité nous satisfait peu malgré les exigences de la culture ; aussi, sous la pression de nos refoulements intérieurs, entretenons-nous au-dedans de nous toute une vie de fantaisie qui, en réalisant nos désirs, compense les insuffisances de l'existence véritable. Dans ces fantaisies est contenue l'essence de la personnalité et les refoulements au profit de la réalité. L'homme énergique et qui réussit, c'est celui qui parvient à transmuer en réalités les fantaisies du désir. Quand cette transmutation échoue par suite des circonstances extérieures et de la faiblesse de l'individu, celui-ci se détourne du réel ; il se retire dans l'univers plus heureux de sa rêverie ; en cas de maladie, il en transforme le contenu en symptômes. Dans certaines conditions favorables, il peut encore trouver un autre moyen de passer de ses fantaisies à la réalité, au lieu de s'écarter durablement d'elle par régression dans le domaine infantile ; j'entends que, s'il possède le *don artistique*, psychologiquement si mystérieux, il peut, au lieu de symptômes, transformer ses rêveries en créations artistiques. Ainsi échappe-t-il au destin de la névrose et trouve-t-il par ce détour un rapport avec la réalité[1]. Quand cette précieuse faculté manque ou se montre insuffisante, il devient inévitable que la *libido* parvienne, par régression, à la réapparition des souhaits infantiles, et donc à la névrose. La névrose remplace, à notre époque, le cloître où avaient coutume de se retirer toutes les personnes déçues par la vie ou trop faibles pour la supporter.

Je voudrais souligner ici le principal résultat auquel nous sommes parvenus, grâce à l'examen psychanalytique des névrosés : à savoir que les névroses n'ont aucun contenu psychique propre qui ne se trouve aussi chez les personnes saines, ou, comme l'a dit C. G. Jung, que les névrosés souffrent de ces mêmes complexes contre lesquels nous aussi, hommes sains, nous luttons. Il dépend des proportions quantitatives, de la relation des forces qui luttent entre elles, que le combat aboutisse à la santé, à la névrose ou à des productions supérieures de compensation.

Je dois encore mentionner le fait le plus important qui confirme notre hypothèse des forces des pulsions sexuelles de la névrose. Chaque fois que nous traitons psychanalytiquement un névrosé, ce dernier subit l'étonnant phénomène que nous appelons *transfert*. Cela signifie qu'il adresse au médecin un trop-plein d'excitations affectueuses, souvent mêlées d'hostilité, qui n'ont leur source ou leur raison d'être dans aucune expérience réelle ;

1. Otto Rank, *Der Künstler*, Vienne, 1907 [trad. fr. *L'Art et l'Artiste*, Paris, Payot, 1998].

la façon dont elles apparaissent, et leurs particularités, montrent qu'elles dérivent d'anciens désirs du malade devenus inconscients. Ce fragment de vie affective qu'il ne peut plus rappeler dans son souvenir, le malade le revit aussi dans ses relations avec le médecin ; et ce n'est qu'après une telle reviviscence par le transfert qu'il est convaincu de l'existence comme de la force de ses mouvements sexuels inconscients. Les symptômes qui, pour emprunter une comparaison à la chimie, sont les précipités d'anciennes expériences d'amour (au sens le plus large du mot), ne peuvent se dissoudre et se transformer en d'autres produits psychiques qu'à la température plus élevée de l'événement du transfert. Dans cette réaction, le médecin joue, selon l'excellente expression de Ferenczi, le rôle d'un *ferment catalytique* qui attire temporairement à lui les affects qui viennent d'être libérés.

L'étude du transfert peut aussi vous donner la clef de la suggestion hypnotique, dont nous nous étions servis au début comme moyen technique d'exploration de l'inconscient. L'hypnose nous fut alors une aide thérapeutique mais aussi un obstacle à la connaissance scientifique des faits, en ce qu'elle déblayait de résistances psychiques une certaine région, pour amonceler ces résistances, aux frontières de la même région, en un rempart insurmontable. Il ne faut pas croire, d'ailleurs, que le phénomène du transfert, dont je ne puis malheureusement dire ici que peu de chose, soit créé par l'influence psychanalytique. Le transfert s'établit spontanément dans toutes les relations humaines, aussi bien que dans le rapport de malade à médecin ; il transmet partout l'influence thérapeutique et il agit avec d'autant plus de force qu'on se doute moins de son existence. La psychanalyse ne le crée donc pas ; elle le dévoile seulement et s'en empare pour orienter le malade vers le but souhaité. Mais je ne puis abandonner la question du transfert sans souligner que ce phénomène contribue plus que tout autre à persuader non seulement les malades, mais aussi les médecins, de la valeur de la psychanalyse. Je sais que tous mes partisans n'ont admis la justesse de mes suppositions sur la pathologie des névroses que grâce à des expériences de transfert, et je peux très bien concevoir que l'on ne soit pas convaincu tant qu'on n'a pratiqué soi-même aucune psychanalyse ni constaté soi-même les effets du transfert.

J'estime qu'il y a deux principales objections d'ordre intellectuel à opposer aux théories psychanalytiques. Premièrement, on n'a pas l'habitude de compter avec le déterminisme rigoureux de la vie psychique ; deuxièmement, on ignore par quels traits les processus psychiques inconscients se différencient des processus conscients qui nous sont familiers. Les résistances les plus fréquentes chez les malades comme chez les personnes en bonne santé se ramènent au second de ces facteurs. On craint de faire du mal par la psychanalyse, on a peur d'appeler à la conscience du malade les pulsions sexuelles refoulées, comme si cela faisait courir le risque d'une victoire de ces pulsions sur les tendances morales supérieures et le dépouiller de ses acquisitions culturelles. On remarque que le malade a dans l'âme des blessures à vif, mais on redoute d'y toucher, de peur d'augmenter sa souffrance.

Adoptons cette analogie. Il y a, certes, plus de ménagement à ne pas toucher aux places malades si on ne sait qu'aggraver la douleur. Mais le chirurgien ne se refuse pas d'investiguer et d'attaquer la maladie dans son foyer même, quand il pense que son intervention apportera la guérison. Personne ne songe à reprocher au chirurgien les investigations et les souffrances d'une opération, pourvu qu'elle soit couronnée de succès après l'aggravation temporaire de son état. Il doit en être de même pour la psychanalyse, d'autant plus que les réactions désagréables qu'elle peut momentanément provoquer sont incomparablement moins grandes que celles qui accompagnent une intervention chirurgicale. D'ailleurs, ces désagréments sont bien peu de chose comparés aux souffrances de la maladie. Il va sans dire que la psychanalyse doit être exercée selon toutes les règles de l'art. Quant aux pulsions qui étaient refoulées et que la psychanalyse libère, est-il à craindre qu'en réapparaissant sur la scène elles ne portent atteinte aux caractères moraux et culturels acquis par l'éducation ? En rien, car nos observations nous ont montré de façon certaine que la force psychique et physique d'un souhait est bien plus grande quand il baigne dans l'inconscient que lorsqu'il s'impose à la conscience. On le comprendra si l'on songe qu'un souhait inconscient est soustrait à toute influence ; les aspirations opposées n'ont pas de prise sur lui. Au contraire, un souhait conscient peut être influencé par tous les autres phénomènes conscients qui s'opposent à lui. En corrigeant les résultats du refoulement défectueux, le traitement psychanalytique répond aux tendances les plus élevées de la vie culturelle.

Voyons maintenant ce que deviennent les désirs inconscients libérés par la psychanalyse. Par quels moyens peut-on les rendre inoffensifs ? Nous en connaissons trois.

Il arrive, le plus souvent, que ces désirs soient simplement supprimés par la réflexion, au cours du traitement. Ici, le refoulement est remplacé par une sorte de critique ou de condamnation. Cette critique est d'autant plus aisée qu'elle porte sur les stades d'une période infantile du moi. Jadis l'individu, alors faible et incomplètement développé, incapable de lutter efficacement contre un penchant impossible à satisfaire, n'avait pu que le refouler. Aujourd'hui, en pleine maturité, il est capable de le maîtriser.

Le deuxième moyen, par lequel la psychanalyse ouvre une issue aux pulsions qu'elle découvre, consiste à les ramener à la fonction normale qui eût été la leur, si le développement de l'individu n'avait pas été perturbé. Il n'est, en effet, nullement idéal d'extirper les désirs infantiles. La névrose, par ses refoulements, l'a privé de nombreuses sources d'énergie psychique qui eussent été fort utiles à la formation de son caractère et au déploiement de son activité.

Nous connaissons encore une issue, meilleure peut-être, par où les désirs infantiles peuvent manifester toutes leurs énergies et substituer au penchant irréalisable de l'individu un but supérieur situé parfois complètement en dehors de la sexualité : c'est la *sublimation*. Les tendances qui composent la pulsion sexuelle se caractérisent précisément par cette aptitude à la sublimation : à leur fin sexuelle se substitue un but plus lointain et de plus grande valeur sociale. C'est à l'enrichissement psychique résultant de ce processus de sublimation, que sont dus les plus nobles succès culturels de l'esprit humain. Un refoulement précoce exclut la sublimation : après sa suppression, la voie est de nouveau libre.

Voici enfin la troisième des conclusions possibles du traitement psychanalytique : il est légitime qu'un certain nombre des tendances libidinales refoulées soient directement satisfaites et que cette satisfaction soit obtenue par les moyens ordinaires. Notre civilisation, qui prétend à une autre culture, rend en réalité la vie trop difficile à la plupart des individus et, par l'effroi de la réalité, provoque des névroses sans qu'elle ait rien à gagner à cet excès de refoulement sexuel. Ne négligeons pas tout à fait ce qu'il y a d'animal dans notre nature. Notre idéal de civilisation n'exige pas qu'on renonce à la satisfaction de l'individu. Sans doute, il est tentant de transfigurer les éléments de la sexualité par le moyen d'une sublimation toujours plus étendue, pour le plus grand bien de la société. Mais, de même que dans une machine on ne peut transformer en travail mécanique utilisable la totalité de la chaleur dépensée, de même on ne peut espérer transmuer intégralement l'énergie provenant de la pulsion sexuelle. Cela est impossible. Et en privant la sexualité de son aliment naturel, on provoque des conséquences fâcheuses.

Je présente ma conviction de façon indirecte, en vous racontant une vieille farce. Rappelez-vous l'histoire du cheval de Schilda. Les habitants de cette petite ville possédaient un cheval dont la force faisait leur admiration. Malheureusement, l'entretien de la bête coûtait fort cher ; on résolut donc, pour l'habituer à se passer de nourriture, de diminuer chaque jour d'un grain sa ration d'avoine. Ainsi fut fait ; mais, lorsque le dernier grain fut supprimé, le cheval était mort. Les gens de Schilda ne surent jamais pourquoi.

Quant à moi, j'incline à croire qu'il est mort de faim, et qu'aucune bête n'est capable de travailler si on ne lui fournit sa ration d'avoine.

Je vous remercie de votre attention.

Contribution à l'histoire du mouvement psychanalytique[1] (1914)

1. Sigmund Freud, « Zur Geschichte der psychoanalytischen Bewegung », *Jahrbuch der Psychoanalyse*, 6, 1914.

I

Fluctuat nec mergitur.

Dans les pages qui suivent, je me propose d'apporter une contribution à l'histoire du mouvement psychanalytique. Cette contribution présente un caractère subjectif qui, je l'espère, n'étonnera personne, de même qu'on ne trouvera sans doute pas étonnant que j'y parle du rôle que j'ai moi-même joué dans cette histoire. C'est que la psychanalyse est ma création : pendant dix ans, j'ai été le seul à m'en occuper, et c'est sur ma tête que s'abattaient les critiques par lesquelles les contemporains exprimaient leur mécontentement envers la psychanalyse et leur mauvaise humeur à son égard. Je crois même pouvoir affirmer qu'aujourd'hui encore, où je suis loin d'être le seul psychanalyste, personne n'est à même de savoir mieux que moi ce qu'est la psychanalyse, en quoi elle diffère d'autres modes d'exploration de la vie psychique, ce qui peut être désigné par ce terme ou ce qui pourrait être mieux désigné autrement.

Ayant eu l'occasion, en 1909, de parler pour la première fois publiquement de la psychanalyse, du haut d'une chaire universitaire américaine, et ému par l'importance que ce fait pouvait avoir pour les efforts que je déployais, j'avais déclaré que ce n'était pas moi qui avais donné le jour à la psychanalyse, que c'était Josef Breuer qui s'était acquis ce mérite, alors que, encore étudiant, j'étais occupé à passer mes examens (de 1880 à 1882)[1]. Mais des amis bienveillants m'ont fait observer depuis que j'avais poussé trop loin l'expression de ma reconnaissance ; que j'aurais dû, ainsi que je l'avais fait dans les occasions antérieures, faire ressortir que le « procédé cathartique » de Breuer constituait une phase préliminaire de la psychanalyse et que celle-ci datait du jour où, repoussant la technique hypnotique, j'avais introduit celle de l'association libre. Au fond, il importe peu de savoir si les débuts de la psychanalyse remontent au procédé cathartique ou à la modification que j'ai fait subir à ce procédé ; et si je mentionne ici ce point d'histoire, si peu intéressant, c'est parce que certains adversaires de la psychanalyse ne manquent pas, à l'occasion, de proclamer que c'est à Breuer, et non à moi, que revient le mérite d'avoir créé cet art. Je dois ajouter toutefois que la priorité de Breuer n'est proclamée que par

1. Il s'agit des *Cinq leçons sur la psychanalyse* publiées dans la première partie du présent ouvrage.

ceux qui attachent quelque valeur à la psychanalyse ; quant à ceux qui lui refusent toute valeur, ils n'hésitent pas à m'en attribuer incontestablement la paternité. La grande part que Breuer a prise à la création de la psychanalyse ne lui a jamais valu, à ma connaissance, la minime partie des injures et des blâmes qui m'ont été prodigués. Et comme j'ai reconnu depuis longtemps que la psychanalyse possède le don irrésistible de pousser les hommes à la contradiction, de les exaspérer, je suis arrivé à la conclusion qu'après tout il n'y avait rien d'impossible à ce que je fusse le véritable auteur de tout ce qui la caractérise et la distingue. Je me fais un plaisir d'ajouter que jamais Breuer n'a fait la moindre tentative de rabaisser mon rôle dans la création de la psychanalyse tant décriée et qu'il n'a jamais prêté le moindre appui aux tentatives faites dans ce sens par mes détracteurs.

La nature de la découverte de Breuer a été tant de fois décrite et exposée que je puis m'abstenir ici de toute discussion détaillée sur ce sujet. Je rappellerai seulement qu'elle repose sur ce fait fondamental que les symptômes des hystériques se rattachent à des scènes de leur vie qui, après les avoir fortement impressionnés, sont tombées dans l'oubli (traumatismes) ; et qu'elle comporte un traitement en rapport avec cette constatation et qui consiste à évoquer, sous l'hypnose, le souvenir de ces scènes et à en provoquer la reproduction (catharsis). Aussi, le peu de théorie qui en découle, c'est que les symptômes en question résulteraient d'une utilisation anormale de quantités d'excitation non liquidées (conversion). Toutes les fois que, dans sa contribution théorique aux *Études sur l'hystérie*, Breuer a l'occasion de parler de la conversion, il ne manque pas de citer mon nom entre parenthèses, comme si ce premier essai de justification théorique était ma propriété intellectuelle. Je crois que cette propriété s'arrête au mot, tandis que la conception elle-même nous est venue à l'esprit simultanément et constitue notre propriété commune.

On sait également qu'après sa première expérience Breuer avait mis son traitement cathartique en veilleuse et n'y était revenu qu'au bout de plusieurs années, lorsque, de retour de Paris où j'avais suivi l'enseignement de Charcot, j'avais cru devoir insister auprès de lui en ce sens. Il s'occupait de médecine généraliste et était absorbé par une nombreuse clientèle ; quant à moi, qui n'étais devenu médecin qu'à contrecœur, j'avais alors une raison très sérieuse de chercher à venir en aide aux gens atteints de maladies nerveuses ou, tout au moins, à pénétrer en partie la nature de leurs états.

J'avais commencé par me fier au traitement physiothérapeutique ; mais je ne tardai pas à me trouver impuissant et désarmé devant les déceptions que me causa l'*Électrothérapie* de W. Erb, si riche en conseils et indications. Si le jugement de Moebius, d'après lequel les succès du traitement électrique seraient dus à la suggestion, ne s'est pas alors présenté à mon esprit, ce fut pour une cause bien simple : je n'ai pas eu un seul succès à enregistrer. Le traitement par la suggestion au cours de l'hypnose profonde, traitement dont les séances auxquelles j'avais assisté chez Liébault et Bernhein m'avaient fourni des démonstrations impressionnantes, avait semblé, un moment donné, offrir une large compensation à l'abandon du traitement électrique. Mais l'exploration au cours de l'hypnose, à laquelle j'avais été initié par Breuer, devait exercer sur moi, par son action automatique et par la satisfaction qu'elle offrait à ma curiosité scientifique, un attrait infiniment plus grand que l'interdiction suggestive, monotone, violente, incompatible avec la recherche proprement dite.

Nous savons aujourd'hui, et c'est là une des plus récentes acquisitions de la psychanalyse, que nous devons mettre au premier rang, au cours de l'analyse, le conflit actuel et la cause déterminante de la maladie. Or, c'est exactement ce que nous faisions, Breuer et moi, dès nos premières applications de la méthode cathartique. Nous attirions directement l'attention du malade sur la scène traumatique au cours de laquelle s'était produit le symptôme, nous cherchions à déceler dans cette scène le conflit psychique et à mettre en liberté le sentiment refoulé. Ce faisant, nous avons réussi à découvrir le processus psychique caractéristique des névroses, auquel nous avons donné plus tard le nom de *régression*. Les associations du malade remontaient, de la scène qu'on cherchait à élucider, à des événements psychiques antérieurs et obligeaient l'analyse, qui voulait corriger le présent, à s'occuper du passé. Cette régression nous faisait remonter de plus en plus en arrière, généralement, nous sembla-t-il au début, jusqu'à l'époque de la puberté ; mais certains insuccès et certaines lacunes poussèrent l'analyse à poursuivre la régression jusqu'aux années d'enfance qui étaient restées jusqu'alors inaccessibles à toute exploration. Cette direction de régression ne tarda pas à devenir un des traits caractéristiques de l'analyse. On constata que l'analyse était incapable d'élucider l'actuel sans le ramener à un passé qui, sans être lui-même pathogène, n'en imprimait pas moins à l'événement ultérieur son cachet pathogène.

Mais la tentation de s'en tenir à la cause actuelle connue était telle que, pendant de nombreuses années encore, je n'ai pu m'empêcher d'y céder. Pendant le traitement (en 1899) de la malade connue sous le nom de « Dora[1] », je connaissais la scène qui avait fait éclater la maladie actuelle. Je m'étais efforcé, à d'innombrables reprises, de mettre à la portée de l'analyse cet événement vécu, sans jamais obtenir, malgré mes ordres directs, autre chose que la même description sommaire et pleine de lacunes. Ce n'est qu'après un long détour, qui nous avait fait remonter au-delà de la toute première enfance de la malade, que nous nous étions trouvés en présence d'un rêve dont l'analyse avait ramené le souvenir des détails oubliés de la scène, rendant ainsi possibles et la compréhension et la solution du conflit actuel.

---

1. Voir Sigmund Freud, *Dora. Fragment d'une analyse d'hystérie*, Paris, Payot, coll. « Petite Bibliothèque Payot », 2010. (*N.d.É.*)

Ce seul exemple suffit à montrer à quelles erreurs on s'exposerait en suivant le conseil que nous avons mentionné plus haut et de quelle régression scientifique on se rendrait coupable en négligeant la régression dans la technique analytique.

La première divergence de vues entre Breuer et moi se manifesta à propos d'une question liée au mécanisme psychique intime de l'hystérie. Ses préférences allaient vers une théorie encore physiologique, pour ainsi dire, d'après laquelle la dissociation psychique de l'hystérique aurait pour cause l'absence de communication entre divers états psychiques (ou, comme nous disions alors, entre « divers états de la conscience ») ; il formula ainsi l'hypothèse des « états hypnoïdes », dont les produits feraient irruption dans la « conscience vigile » où ils se comporteraient comme des corps étrangers. Moins rigoriste au point de vue scientifique, subodorant qu'il s'agit de tendances et de penchants analogues à ceux de la vie quotidienne, je voyais dans le clivage lui-même l'effet d'un processus d'élimination, auquel j'avais alors donné le nom de processus de « défense » et plus tard de « refoulement ». J'avais bien essayé de laisser subsister ces deux mécanismes l'un à côté de l'autre, mais comme l'expérience me révélait toujours la même chose, je ne tardai pas à opposer ma théorie de la défense à sa théorie des états hypnoïdes.

Je suis cependant certain que cette opposition n'était pour rien dans la séparation qui devait bientôt se produire entre nous. Celle-ci avait des raisons plus profondes, mais elle s'est produite d'une façon telle que je ne m'en étais pas rendu compte tout d'abord et ne l'ai comprise que plus tard d'après des indices certains. On se rappelle que Breuer disait de sa fameuse première malade[1] que l'élément sexuel présentait chez elle un degré de développement étonnamment peu élevé et n'avait jamais contribué en quoi que ce soit à la richesse si remarquable de son tableau morbide. J'ai toujours trouvé surprenant que les critiques n'aient pas songé à opposer plus souvent qu'ils ne l'ont fait cette déclaration de Breuer à ma propre conception de l'étiologie sexuelle des névroses, et j'ignore encore aujourd'hui si cette omission leur a été dictée par la discrétion ou si elle s'explique par un manque d'attention. En relisant l'observation de Breuer à la lumière des expériences acquises au cours de ces vingt dernières années, on trouve que tout ce symbolisme représenté par les serpents, par les accès de rigidité, par la paralysie du bras est d'une transparence qui ne laisse rien à désirer et qu'en rattachant la situation au chevet du père malade, on obtient une interprétation des symptômes telle qu'aucun doute ne peut subsister quant à leur signification. On arrive ainsi à se former sur le rôle de la sexualité dans la vie psychique de cette jeune fille une idée qui diffère totalement de celle de son médecin. Breuer disposait, pour le rétablissement de sa malade, d'un rapport suggestif des plus intenses, d'un rapport

1. Il s'agit de Anna O., dont le cas est raconté dans les *Études sur l'hystérie*. (*N.d.É.*)

dans lequel nous pouvons voir précisément le prototype de ce que nous appelons « transfert ». J'ai de fortes raisons de croire qu'après avoir fait disparaître tous les symptômes, Breuer a dû se trouver en présence de nouveaux indices témoignant en faveur de la motivation sexuelle de ce transfert, mais que le caractère général de ce phénomène inattendu lui ayant échappé, il arrêta là son exploration comme devant un *untoward event* [événement malencontreux]. Il ne m'a fait aucune communication directe à ce sujet, mais il m'a fourni, à de nombreuses reprises, des points de repère qui suffisent à justifier cette supposition. Et lorsque j'ai adopté avec une grande détermination la conception relative au rôle essentiel que la sexualité joue dans le déterminisme des névroses, c'est de sa part que je me suis heurté aux premières réactions de cette récusation indiquée et de cette réprobation qui, dans la suite, me sont devenues si familières, alors qu'à l'époque dont il s'agit j'étais loin de prévoir qu'elles me poursuivraient toute ma vie comme un destin inéluctable.

Le fait que le transfert sexuel, crûment nuancé, tendre ou hostile, s'observe au cours du traitement de la névrose, quelle qu'elle soit, sans qu'il soit désiré ou provoqué par l'une ou l'autre des deux parties en présence, m'est toujours apparu comme la preuve irréfutable de l'origine sexuelle des forces pulsionnelles de la névrose. Cet argument n'a encore jamais obtenu toute l'attention qu'il mérite et n'a jamais été envisagé avec tout le sérieux qui convient, car si tel avait été le cas, l'opinion sur ce sujet n'aurait, à l'heure actuelle, pas d'autre choix. Quant à moi, je l'ai toujours considéré comme décisif, aussi et plus souvent décisif que tant d'autres données fournies par l'analyse.

Ce qui fut de nature à me consoler du mauvais accueil qui, même dans le cercle étroit de mes amis, fut réservé à ma conception de l'étiologie sexuelle des névroses (il ne tarda pas à se former alors un vide autour de ma personne), ce fut la conviction que je combattais pour une idée neuve et originale. Mais un jour, certains souvenirs vinrent troubler ma satisfaction, tout en me révélant certains détails très intéressants concernant la manière dont s'effectue notre activité créatrice et relatifs à la nature de notre savoir. L'idée dont j'avais assumé la responsabilité ne m'était nullement personnelle. Je la devais à trois personnes dont les opinions avaient droit à mon plus profond respect, à Breuer lui-même, à Charcot et au gynécologue de notre Université, Chrobak, un de nos médecins viennois les plus éminents. Ces trois hommes m'avaient transmis une conception qu'à proprement parler ils ne possédaient pas. Deux d'entre eux contestèrent cette transmission ; quant au troisième (Maître Charcot), il en aurait sans doute fait autant, s'il m'avait été donné de le revoir. Mais ces transmissions identiques que je m'étais assimilées sans les comprendre avaient sommeillé en moi pendant des années, pour se révéler un jour comme une conception originale.

Jeune médecin des hôpitaux, j'accompagnais un jour Breuer dans une promenade à travers la ville, lorsqu'il fut abordé par un monsieur qui demanda instamment à lui parler. Je restai à l'écart, et lorsque Breuer, la conversation terminée, vint me rejoindre, il m'apprit, dans sa manière amicalement instructive, que c'était le mari d'une malade qui venait de lui donner des nouvelles de celle-ci. La femme, ajouta-t-il, se comportait en société d'une manière tellement singulière qu'on avait jugé utile, la considérant comme nerveuse, de la confier à ses soins. Il s'agit toujours de *secrets d'alcôve*, fit-il en manière de conclusion. Étonné, je lui demandai ce qu'il voulait dire ; il m'expliqua alors de quoi il s'agissait au juste, en remplaçant le mot « alcôve » par les mots « lit conjugal », et en disant ne pas comprendre pourquoi la chose me paraissait si inouïe.

Quelques années plus tard, j'assistais à une réception de Charcot. Je me trouvais tout près du vénéré maître qui, justement, était en train de raconter à Brouardel une histoire, sans doute très intéressante, de sa consultation du jour. Je n'avais pas bien entendu le commencement, mais peu à peu le récit m'avait intéressé au point que j'étais devenu tout attention. Il s'agissait d'un jeune couple de lointains Orientaux : la femme souffrait gravement, le mari était impuissant ou tout à fait maladroit. « *Essayez donc,* entendais-je Charcot répéter, *je vous assure, vous y arriverez* [1]. » Brouardel,

1. En français dans le texte. (*N.d.T.*)

qui parlait moins haut, dut exprimer son étonnement que des symptômes comme ceux de la femme en question pussent se produire dans des circonstances pareilles. En effet, Charcot lui répliqua avec beaucoup de vivacité : « *Mais, dans des cas pareils, c'est toujours la chose génitale, toujours... toujours... toujours*[1]. » Et ce disant, il croisa les bras sur sa poitrine et se mit à sautiller avec sa vivacité habituelle. Je me rappelle être resté paralysé pendant quelques instants et, revenu à moi, m'être posé la question : « Puisqu'il le sait, pourquoi ne le dit-il jamais ? » Mais l'impression fut vite oubliée ; l'anatomie du cerveau et la production expérimentale de paralysies hystériques absorbèrent de nouveau toute mon attention.

Une année plus tard, étant Privatdozent de maladies nerveuses, je débutais à Vienne dans la carrière médicale, aussi ignorant de tout ce qui concerne l'étiologie des névroses que peut l'être un jeune universitaire prometteur. Un jour, Chrobak me prie amicalement de me charger d'une de ses patientes dont, étant devenu professeur titulaire d'université, il n'avait pas suffisamment de temps pour s'occuper. Je me précipite chez la malade, j'arrive auprès d'elle avant lui et j'apprends qu'elle souffre de crises d'angoisse absurdes qu'elle n'arrive à apaiser qu'à la condition de savoir exactement où se trouve son médecin à toute heure du jour. Chrobak arrive à son tour et, me prenant à part, m'apprend que l'angoisse de la malade pro-

1. *Idem.*

vient de ce que, tout en étant mariée depuis 18 ans, elle est encore vierge, son mari étant atteint d'impuissance absolue. Dans des cas pareils, ajouta-t-il, il ne reste au médecin qu'à couvrir de sa réputation le malheur domestique et à se contenter de hausser les épaules, lorsqu'il apprend qu'on formule sur son compte des appréciations dans le genre de celle-ci : « Il n'est pas plus capable que les autres, puisqu'il n'a pas réussi à guérir la malade, depuis tant d'années qu'il la soigne. » Ce mal ne comporte qu'un seul traitement ; nous le connaissons bien, mais, malheureusement, nous ne pouvons l'ordonner. Le voici :

Rp. *Penis normalis*
dosim
Repetatur[1] !

Je n'avais jamais entendu parler d'une pareille prescription et j'étais tout prêt à blâmer le cynisme de mon protecteur.

Si j'insiste sur cette origine auguste de cette idée scélérate, ce n'est pas le moins du monde pour en rejeter la responsabilité sur d'autres. Je sais qu'exprimer une idée une ou plusieurs fois, sous la forme d'un rapide aperçu, est une chose ; et que la prendre au sérieux, dans son sens littéral, la développer à travers toutes sortes de détails, souvent en opposition avec elle, lui conquérir une place parmi les vérités reconnues, en est une

1. « À prendre : pénis normal. Dose à renouveler ! »

autre. Il s'agit là d'une différence analogue à celle qui existe entre un flirt léger et un mariage en bonne et due forme, avec tous les devoirs et toutes les difficultés qu'il comporte. « Épouser les idées de... », est en français une tournure usuelle.

Parmi les autres éléments qui, grâce à mes travaux, étaient venus s'ajouter au procédé cathartique et le reconfigurer en psychanalyse, je mentionnerai : la théorie du refoulement et de la résistance, l'introduction de la sexualité infantile, l'interprétation des rêves et leur utilisation pour la connaissance de l'inconscient.

En ce qui concerne la théorie du refoulement, j'y suis certainement parvenu par mes propres moyens, sans qu'aucune influence m'en ait suggéré la possibilité. Aussi l'ai-je pendant longtemps considérée comme originale, jusqu'au jour où Otto Rank eut mis sous mes yeux un passage du *Monde comme volonté et représentation*, dans lequel Schopenhauer cherche à donner une explication de la folie[1]. Ce que le philosophe dit dans ce passage au sujet de la rebellion que nous éprouvons à accepter tel ou tel côté pénible de la réalité affective s'accorde tellement avec la notion du refoulement, telle que je la conçois, que je puis dire une fois de plus que c'est à l'insuffisance de mes lectures que je suis redevable de ma découverte. Et, cependant, d'autres ont lu et survolé ce passage, sans faire la découverte en question, et il me serait peut-être arrivé la même chose, si j'avais

1. *Zentralblatt für Psychoanalyse*, 1911, vol. I, p. 69.

eu, dans ma jeunesse, plus de goût pour les lectures philosophiques. Je me suis refusé plus tard la joie que procure la lecture de Nietzsche, et je l'ai fait en pleine conscience des raisons de mon abstention : je voulais me soustraire, dans l'élaboration des impressions que me fournissait la psychanalyse, à toute influence extérieure. Aussi devais-je être prêt, et je le suis volontiers, à renoncer à toute revendication de priorité dans les cas, assez fréquents, où les pénibles recherches psychanalytiques ne font que confirmer les aperçus intuitifs des philosophes.

La théorie du refoulement est le pilier sur lequel repose l'édifice de la psychanalyse ; elle est la partie la plus essentielle, tout en ne représentant que l'expression théorique d'une expérience qu'on peut reproduire aussi souvent qu'on le désire lorsqu'on entreprend l'analyse d'un névrosé, sans faire appel à l'hypnose. À un moment donné, on se heurte à une résistance qui s'oppose au travail analytique, le sujet prétextant une lacune de mémoire, pour rendre ce travail vain. En appliquant l'hypnose, on ne réussit qu'à dissimuler cette résistance, et c'est pourquoi l'histoire de la psychanalyse proprement dite date du jour de l'introduction de l'innovation technique qui consiste dans l'abandon de l'hypnose. L'interprétation théorique de la coïncidence entre cette résistance et une amnésie conduit inévitablement à la conception de l'activité psychique inconsciente, qui est celle de la psychanalyse et qui, en tout cas, diffère notablement des spéculations philosophiques sur l'inconscient. Aussi peut-on dire que la théorie psychanalytique représente une tentative de rendre compréhensibles deux constatations singulières et inattendues qu'on fait lorsqu'on cherche à ramener les symptômes morbides d'un névrosé à leurs sources, c'est-à-dire à des événements survenus dans la vie antérieure du malade : nous voulons parler du transfert et de la résistance. Toute orientation de recherche qui se rattache à ces deux faits comme à son point de départ a le droit de se qualifier de psychanalyse, alors même qu'elle aboutit à des résultats différents de ceux que j'ai obtenus moi-même. Mais celui qui s'attaque à d'autres aspects du problème et fait abstraction de ces deux prémisses ne pourra pas, s'il s'obstine à se donner pour un psychanalyste, échapper au reproche de troubler le droit de propriété par une tentative de *mimicry* [imitation].

Je m'élèverais avec énergie contre ceux qui s'aviseraient de prétendre que la théorie du transfert et celle de la résistance sont des prémisses de la psychanalyse, et non pas ses résultats. Elle a des prémisses, d'un caractère psychologique et biologique en général, dont il y aurait lieu de parler ailleurs ; mais la théorie du refoulement est un acquis du travail analytique, un résultat obtenu par des moyens légitimes et représentant le concentré théorique d'innombrables expériences. Nous avons une acquisition du même genre, bien que beaucoup plus tardive, dans la thèse de la sexualité infantile, dont il n'avait pas été question pendant les premières années de tâtonnements analytiques.

Le seul fait qu'on avait constaté tout d'abord, c'était qu'il fallait voir dans les expériences psychiques actuelles des effets du passé. Mais «le chercheur trouvait souvent plus qu'il ne voulait trouver» [Corneille, *Le Menteur*, IV, 1]. On se laissait entraîner vers des époques de plus en plus reculées du passé et on crut, à un moment donné, pouvoir s'arrêter à la puberté, c'est-à-dire à l'époque du réveil traditionnel des motions sexuelles. Mais cet espoir fut vain, car en suivant les traces, on se trouva amené au-delà de cette époque, jusqu'à l'enfance, et même aux premières années de celle-ci. Chemin faisant, on se trouva dans la nécessité de surmonter une erreur qui aurait pu devenir fatale à cette jeune recherche. Sous l'influence de la théorie traumatique de l'hystérie qui se rattache à l'enseignement de Charcot, on n'était que trop disposé à attribuer une réalité et une signification étiologiques aux récits dans lesquels les malades faisaient remonter leurs symptômes à des expériences sexuelles qu'ils avaient subies passivement au cours des premières années de leur enfance, autrement dit la séduction. Et lorsqu'on se vit obligé de renoncer à cette étiologie, à cause de son invraisemblance et de sa contradiction avec des faits solidement établis, on se trouva totalement perplexe. L'analyse avait conduit à ces traumatismes sexuels infantiles par une voie correcte; or, ces traumatismes se sont révélés dépourvus de tout fondement réel. On ne savait à quel appui s'accrocher. J'aurais alors volontiers fait le sacrifice de tout le travail que j'avais accompli, comme l'avait fait mon vénéré prédécesseur Breuer à la suite de son indésirable découverte. Si j'ai persévéré, ce fut sans doute parce que je n'avais pas le choix, que je ne pouvais m'engager dans aucune autre direction. Je me suis dit finalement qu'on n'avait pas le droit de se laisser décourager parce que les espoirs qu'on concevait ne s'étaient pas réalisés ; qu'il fallait plutôt soumettre à une révision ces espoirs eux-mêmes. Lorsque les hystériques rattachent leurs symptômes à des traumatismes inventés, le fait nouveau consiste précisément en ce qu'ils imaginent ces scènes, ce qui nous oblige à tenir compte de la réalité psychique, autant que de la pratique. Je ne tardai pas à en conclure que ces fantaisies étaient destinées à recouvrir l'activité auto-érotique de la première enfance, à l'entourer d'une certaine auréole, à l'élever à un niveau supérieur. Et, une fois cette constatation faite, je vis la vie sexuelle de l'enfant se dérouler devant moi dans toute son ampleur.

Enfin, cette activité sexuelle des premières années de l'enfance pouvait également être une manifestation de la constitution innée. Tout nous autorisait à admettre que les prédispositions et les expériences de vie ultérieures se combinaient ici de façon à former une unité étiologique : d'une part, les prédispositions transformaient les simples impressions en traumatismes, sources de stimulations et points de fixation, alors que sans les prédispositions, les impressions, d'un caractère généralement banal, seraient restées sans effet ;

d'autre part, les expériences psychiques ultérieures réveillaient des éléments de la prédisposition qui, sans elles, auraient encore sommeillé pendant longtemps ou ne se seraient jamais développés. C'est Karl Abraham qui, en 1907, a dit le dernier mot sur la question de l'étiologie traumatique en montrant que ce qu'il y avait de particulier dans les expériences sexuelles de l'enfant, à savoir leur caractère traumatique, était en rapport avec la nature particulière de sa constitution sexuelle[1].

Mes considérations relatives à la sexualité de l'enfant reposaient au début uniquement sur les résultats des analyses faites sur des adultes qui rétrogradent dans leur vie passée. Je n'avais pas alors eu l'occasion de faire des observations directes sur l'enfant. Aussi fut-ce pour moi un triomphe extraordinaire, lorsque je réussis, pas mal d'années plus tard, à obtenir la confirmation de la plupart de mes déductions par l'observation et l'analyse directe d'enfants dans leurs toutes premières années. Ce qui me gâtait toutefois un peu cette joie, c'était l'idée qu'il s'agissait somme toute d'une découverte d'une nature telle qu'on devait être honteux d'avoir faite. Plus je poursuivais et approfondissais l'observation des enfants, plus le fait en question devenait évident, et plus

---

1. *Klinische Beiträge zur Psychoanalyse aus den Jahren 1907-1910*, « Internat. Psychoanalyt. Bibliothek », Band X, 1921. [Voir Karl Abraham, *Œuvres complètes*, 2 vol., Paris, Payot, 2000.]

aussi je trouvais singulier qu'on se fût donné tant de peine pour ne pas l'apercevoir.

Pour obtenir une conviction aussi certaine de l'existence et de l'importance de la sexualité infantile, il faut suivre le chemin de l'analyse, rétrograder des symptômes et singularités des névroses jusqu'à leurs sources dernières; celles-ci découvertes, on obtient l'explication de ce qui est explicable et on est à même de modifier ce qui se laisse changer. Je conçois qu'on puisse aboutir à d'autres résultats lorsque, comme l'a fait récemment C. G. Jung, on commence par se faire une idée théorique de la nature de la pulsion sexuelle, pour chercher ensuite à comprendre la vie infantile à la lumière de cette idée. Une représentation pareille ne peut être qu'arbitraire ou répondre à des considérations extrinsèques au sujet auquel on s'intéresse ; aussi court-on le risque de se trouver dans une situation inadéquate dans le domaine auquel on l'applique. Sans doute, même en suivant la voie analytique, nous nous trouvons en présence, à un moment donné, de difficultés et d'obscurités en ce qui concerne la sexualité et son rapport avec la vie totale de l'individu; mais ce n'est pas par des spéculations que nous réussirons à écarter ces difficultés et à dissiper ces obscurités. Le mieux que nous ayons à faire, c'est d'attendre que d'autres observations faites dans d'autres domaines nous apportent la solution des dernières énigmes.

Je serai bref en ce qui concerne l'interprétation des rêves. Elle fut pour ainsi dire le premier résultat de l'innovation technique que j'avais adoptée, lorsque, suivant une vague intuition, je me décidai à remplacer l'hypnose par l'association libre. Ce n'est pas la curiosité scientifique qui, tout d'abord, m'avait poussé à chercher à comprendre les rêves. Aucune influence, autant que je sache, n'avait guidé mon intérêt dans cette direction, et ne m'avait fait entrevoir des résultats féconds dans ce domaine. Avant même la rupture de mes relations avec Breuer, j'eus juste le temps de l'informer brièvement que je m'entendais à présent à interpréter les rêves. Étant donné la manière dont j'ai fait cette dernière découverte, la symbolique du langage des rêves ne s'est révélée à moi qu'en dernier lieu, car les associations du rêveur ne nous apprennent que fort peu de choses sur les symboles. Ayant conservé l'habitude d'étudier sur les choses, avant d'apprendre dans les livres, j'ai pu établir la symbolique des rêves avant que mon attention y soit attirée par le travail de Scherner[1]. Mais ce n'est que plus tard que j'ai pu apprécier dans toute sa valeur ce moyen d'expression des rêves, et cela sous l'influence des travaux de Wilhelm Stekel qui, malgré les services qu'il a rendus à la psychanalyse, a fini par être totalement délabré. C'est également quelques années plus tard que j'ai eu la révélation des liens étroits qui existent entre l'interprétation psychanalytique des rêves et l'art d'interpréter les rêves qui était si

1. Karl Albert Scherner, *Das Leben des Traumes*, Berlin, Schindler, 1861, trad. fr. *La Vie des rêves*, Nîmes, Champ social, 2003.

en honneur dans l'Antiquité. Quant à la partie la plus originale et la plus importante de ma théorie des rêves, celle qui rattache les déformations qui se produisent dans les rêves à un conflit interne, autrement dit celle qui voit dans ces déformations une sorte d'insincérité interne, je l'ai retrouvée chez un auteur étranger à la médecine, mais non à la philosophie, chez le célèbre ingénieur Joseph Popper qui, sous le pseudonyme de Lynkeus, a publié en 1899 les *Fantaisies d'un réaliste*[1].

J'ai trouvé dans l'interprétation des rêves une source de consolation et un appui pendant les premières années de mon travail analytique, années les plus dures et les plus pénibles, car j'avais à mener de front la clinique, la technique et la thérapeutique des névroses et, dans l'isolement où je me trouvais, en présence des innombrables problèmes qui se pressaient devant moi et ayant à faire face à des difficultés souvent inextricables, je craignais de me trouver désorienté et de perdre toute confiance. La vérification de mon postulat, d'après lequel une névrose doit être rendue intelligible grâce à l'analyse, se laissait souvent attendre chez le malade pendant un temps désespérément long; mais les rêves, qui peuvent être considérés comme les analogues des symptômes, fournissaient à peu près toujours et dans tous les cas une confirmation de ce postulat.

---

1. Voir les deux articles de Freud, « Joseph Popper-Lynkeus et la théorie du rêve » et « Ma rencontre avec J. Popper-Lynkeus ». (*N.d.É.*)

C'est seulement dans les succès que m'a procurés l'interprétation des rêves que j'ai puisé la force d'attendre et le courage de persévérer. J'ai pris l'habitude d'apprécier la compréhension d'un travailleur en psychologie d'après son attitude à l'égard des problèmes en rapport avec l'interprétation des rêves, et j'ai constaté avec satisfaction que la plupart des adversaires de la psychanalyse évitaient de s'aventurer sur ce terrain ou s'y comportaient d'une façon très maladroite, lorsqu'ils l'essayaient. J'ai effectué mon auto-analyse, dont la nécessité ne tarda pas à m'apparaître, à l'aide d'une série de mes rêves, qui m'ont permis de suivre à la trace tous les événements de mes années d'enfance ; et je pense encore aujourd'hui que cette sorte d'analyse peut suffire lorsqu'il s'agit d'un bon rêveur et d'un homme qui ne s'écarte pas trop de la normale.

En déroulant devant les yeux des lecteurs toutes ces phases de l'histoire de la psychanalyse, je crois avoir montré, mieux que je ne l'aurais fait par un exposé systématique, en quoi consiste la psychanalyse. Au premier abord, je ne m'étais pas rendu compte de la nature particulière de mes découvertes. Délibérément, je sacrifiais ma réputation médicale commençante et, sans craindre de rebuter les nerveux qui commençaient à affluer dans mon cabinet de consultations, je m'obstinais à rechercher le déterminisme sexuel de leurs névroses, ce qui m'a permis de faire une foule d'expériences qui ont donné une assise définitive à ma conviction quant à l'importance pratique du facteur sexuel.

Sans aucune arrière-pensée, je prenais la parole dans les séances de la société qui réunissait les spécialistes viennois et était présidée à l'époque par Krafft-Ebing. J'espérais trouver une compensation des préjudices matériels que je subissais volontairement, dans l'intérêt et la reconnaissance des confrères pour mes idées. Je parlais de mes découvertes comme de contributions scientifiques indifférentes à la science et j'espérais que les autres les traiteraient de même. Mais le silence qui suivait mes interventions, le vide qui se faisait peu à peu autour de moi, les allusions qui parvenaient à mes oreilles ont fini par me faire comprendre que des déclarations sur le rôle de la sexualité dans l'étiologie des névroses ne pouvaient s'attendre à être accueillies comme d'autres communications. J'ai fini par comprendre que je faisais partie dorénavant de ceux qui, selon l'expression de Hebbel, « troublaient le sommeil du monde » et que je n'avais pas à compter ni sur l'objectivité ni sur la tolérance. Mais comme ma conviction de la justesse moyenne de mes observations et de mes conclusions ne faisait que s'affermir et que j'avais, en même temps qu'une grande confiance dans mes propres jugements, un courage moral suffisant, l'issue de la situation dans laquelle je me trouvais n'était pas douteuse. Je me décidai à croire que j'avais eu le bonheur de découvrir des rapports particulièrement significatifs, et j'étais prêt à subir le destin que cette trouvaille devait me valoir momentanément.

Et voici comment je me représentais ce destin :

je réussirais probablement à me maintenir grâce aux effets thérapeutiques de mon procédé, mais je resterais ignoré par la science, tant que je vivrais. Quelques dizaines d'années après ma mort, un autre redécouvrirait inévitablement ces mêmes choses, aujourd'hui inactuelles, saurait les imposer à l'acceptation générale et m'élèverait à la dignité d'un prédécesseur qui avait nécessairement échoué. En attendant, je chercherais, suivant l'exemple de Robinson, à m'installer aussi commodément que possible dans mon île solitaire. Lorsque, faisant abstraction du trouble et de la confusion du temps présent, je me reporte par la pensée à ces années de solitude, il me semble que ce fut une belle et héroïque époque : le « splendide isolement » avait ses avantages et n'était pas dépourvu de charme. Je n'avais aucun ouvrage spécialisé à lire sur les questions qui m'intéressaient, je n'avais pas à écouter les objections d'adversaires mal informés, je ne subissais aucune influence, je n'étais pressé par rien. J'avais appris à maintenir en bride le penchant à la spéculation et, suivant le conseil inoubliable de mon maître Charcot, j'avais pris l'habitude de reprendre sans cesse les mêmes questions, jusqu'à ce qu'une lumière en jaillisse spontanément. Mes publications, que je ne réussissais à placer que difficilement, pouvaient toujours être en retrait sur l'état de mon savoir, pouvaient être différées sans inconvénient, car il n'y avait pas de « priorité » susceptible d'être mise en doute à défendre. *L'Interprétation des rêves*, par exemple, était prête, dans ses parties essentielles, dès le commencement de 1896, mais n'a été rédigée que durant l'été 1899. Le traitement de « Dora » était terminé fin 1899, son observation fut rédigée pendant la quinzaine qui suivit la fin du traitement, mais ne fut publiée qu'en 1905. Entre-temps, on négligeait, dans la presse spécialisée, de rendre compte de mes travaux et, lorsqu'on le faisait, c'était pour les repousser avec un air de supériorité, railleuse et dédaigneuse. À l'occasion, un confrère, spécialiste comme moi des maladies nerveuses, daignait me consacrer dans une de ses publications une remarque brève et qui était loin d'être flatteuse, en disant de mes théories qu'elles étaient biscornues, extrémistes, tout à fait bizarres. Un jour, un assistant de la clinique viennoise dans laquelle je faisais mon cours semestriel me demanda la permission d'assister à mes leçons. Il écouta avec beaucoup d'attention, ne dit rien, mais il s'offrit, après la dernière leçon, à m'accompagner quelques pas. Au cours de cette promenade, il m'avoua avoir écrit, avec l'approbation de son chef, un livre dirigé contre mes théories, en ajoutant qu'il regrettait de l'avoir fait, depuis qu'il avait pu, grâce à mes leçons, se faire une idée plus exacte de ces théories. S'il les avait connues aussi bien qu'il les connaissait maintenant, il aurait écrit son livre autrement. Il avait bien demandé au personnel de la clinique si, avant de se mettre au travail, il ne ferait pas bien de lire *L'Interprétation des rêves*, mais on le lui avait déconseillé, cela ne valait pas la peine. Il compara lui-même la solidité de la structure interne de mon édifice théorique, tel qu'il le connaissait maintenant, à celle de l'Église catholique. Pour le salut de son âme, je veux bien admettre que cette comparaison impliquait une approbation à l'adresse de mon édifice théorique. Il termina toutefois en disant qu'il était trop tard, qu'il ne pouvait plus rien changer à son livre, puisqu'il était imprimé. Le confrère en question ne jugea d'ailleurs pas nécessaire de faire connaître plus tard au public le revirement qui s'était opéré dans son esprit en ce qui concerne la psychanalyse ; au contraire, il préféra, dans les comptes rendus permanents qu'il donnait à un périodique médical, accompagner l'évolution de celle-ci de commentaires railleurs.

Heureusement, ma susceptibilité personnelle s'émoussa au cours de ces années. Mais une circonstance toute particulière, que n'ont pas connue beaucoup d'autres novateurs isolés, m'avait préservé de l'amertume. Généralement, un novateur méconnu se donne beaucoup de mal pour rechercher les raisons de l'indifférence ou de l'hostilité de ses contemporains à son égard, indifférence et hostilité dans lesquelles il voit un véritable défi à ses convictions dont la certitude lui paraît absolue. C'est là un travail qui me fut épargné, car je n'eus pas de peine à trouver une explication purement psychanalytique à l'attitude négative de mes contemporains à l'égard de mes hypothèses fondamentales. S'il est exact, me suis-je dit, que les faits refoulés dont j'ai découvert l'existence ne peuvent parvenir à la conscience du malade, parce que des résistances affectives s'y opposent, il doit être non moins exact que des résistances analogues se manifestent également chez l'homme sain, toutes les fois où on veut le mettre en présence de faits que, pour une raison ou une autre, il a cru devoir refouler de sa conscience. Il cherche, sans doute, à justifier cette aversion essentiellement affective par des raisons intellectuelles. Cela n'est pas fait pour nous étonner, puisque nous retrouvons le même effort de rationalisation chez l'homme malade, dont les arguments (rien de plus commun que les arguments, sinon, disait Falstaff [dans *Henri IV* de Shakespeare], les mûres) sont identiques et aussi peu ingénieux. La seule différence consiste en ce que, dans le cas de l'homme malade, nous disposons de moyens de pression grâce auxquels nous pouvons lui révéler les résistances et lui donner la possibilité de les vaincre, tandis que dans le cas de l'homme présumé sain ces moyens nous font défaut. Ces hommes sains pourront-ils jamais, et par quel moyen, être amenés à soumettre mes théories à une épreuve calme, sereine, scientifiquement objective ? C'était là pour moi un problème non résolu ; et je me suis dit que le mieux que j'avais à faire, c'était de me fier au temps. Le fait a souvent été observé dans l'histoire des sciences, qu'une affirmation qui s'était heurtée de prime abord à une violente opposition avait fini par être acceptée quelque temps après, sans que de nouvelles preuves aient été produites en sa faveur.

Quoi qu'il en soit, je n'étonnerai sans doute

personne en disant que, pendant les années où j'étais le seul représentant de la psychanalyse, l'attitude de mes contemporains n'était pas faite pour m'inspirer un respect particulier pour les jugements du monde, ni un penchant intellectuel.

II

En 1902, il se forma autour de moi un groupe de jeunes médecins, dans le but avoué d'apprendre la psychanalyse, pour l'exercer et la répandre ensuite. L'initiative de ce groupement appartenait à un collègue qui avait éprouvé sur lui-même les bons effets du traitement analytique. On se réunissait un soir donné à mon domicile, on discutait en se conformant à certaines règles, on cherchait à s'orienter dans ce domaine de recherches étrangement nouveau et à susciter pour lui l'intérêt des autres[1]. Un jour, nous reçûmes la visite d'un jeune homme qui venait de terminer ses études dans une école professionnelle. Il était porteur d'un manuscrit qui révélait une compréhension extraordinaire de la psychanalyse. Nous l'engageâmes à compléter ses études secondaires, à aller à l'Université et à se consacrer aux applications non

1. Cette Société psychologique du mercredi devint ensuite la Société psychanalytique de Vienne. (*N.d.É.*)

médicales de la psychanalyse. Notre petit groupe se trouva ainsi nanti d'un secrétaire zélé et sûr, et pour moi-même Otto Rank[1] ne tarda pas à devenir un aide et un collaborateur d'un dévouement à toute épreuve.

Notre petit cercle ne tarda pas à s'élargir, mais sa composition changea à plusieurs reprises au cours des années qui suivirent. Je puis dire toutefois qu'à tout prendre il ne le cédait en rien, en ce qui concerne la variété et la richesse des dons et des aptitudes, à l'état-major de n'importe quel professeur de clinique. Notre groupe comprenait dès le début tous ceux qui devaient jouer plus tard, dans l'histoire du mouvement psychanalytique, un rôle important sinon toujours réjouissant. Mais, à l'époque, il était impossible de prévoir cette évolution. Je ne pouvais qu'être content, et j'ai la conviction d'avoir fait tout ce qui dépendait de moi pour rendre accessible aux autres ce que je savais et ce que j'avais appris moi-même par l'expérience. Deux faits seulement, qui ont d'ailleurs fini par m'éloigner intérieurement de ce cercle, étaient d'un présage défavorable. Je n'ai pas réussi à faire régner entre ses membres cette concorde amicale qui doit exister entre les hommes se consacrant au même travail, dur et pénible ; et je n'ai pas réussi à éliminer les

1. Qui fut directeur de la maison d'édition Internationaler Psychoanalytischer Verlag et rédacteur, depuis leur fondation, de l'*Internationale Zeitschrift für Psychoanalyse* et de *Imago*.

querelles de priorité, auxquelles les conditions inhérentes au travail en commun fournissent de si nombreux prétextes. Les difficultés que présente l'enseignement de la psychanalyse et de son application pratique, difficultés très graves et qui sont la cause de la plupart des désaccords et divergences actuels, avaient déjà commencé à manifester leurs effets dans les réunions de la Société psychanalytique de Vienne, au statut privé. Je n'osais pas quant à moi, étant donné qu'il s'agissait d'une technique encore inaccomplie et d'une théorie encore en pleine évolution, enseigner l'une et l'autre avec une autorité suffisante ; en quoi j'ai eu tort, car j'aurais probablement épargné aux autres de faire fausse route et j'aurais prévenu plus d'un écart du droit chemin. On éprouve toujours une grande satisfaction à voir ses disciples devenir capables d'un travail autonome et s'affranchir de leur dépendance à l'égard du maître. Mais cette autonomie et cette indépendance ne sont fécondes au point de vue scientifique que lorsqu'elles sont associées à certaines qualités personnelles qui, malheureusement, sont assez rares. Or, la psychanalyse aurait exigé précisément une longue et sévère discipline, et une éducation à l'autodiscipline. Appréciant le courage dont ils faisaient preuve en s'adonnant à une occupation aussi décriée et aussi dépourvue de perspectives, j'étais disposé à tolérer de la part des membres de nos réunions beaucoup de choses qui m'auraient choqué dans d'autres circonstances. De notre cercle faisaient d'ailleurs partie non seulement des médecins, mais aussi d'autres personnes cultivées qui entrevoyaient dans la psychanalyse quelque chose de significatif : écrivains, artistes, etc. *L'Interprétation des rêves*, le livre sur *Le Mot d'esprit*, etc., avaient d'ailleurs montré que les théories de la psychanalyse n'étaient pas d'ordre exclusivement médical, mais se laissaient appliquer à diverses autres sciences de l'esprit.

Contre toute attente, la situation subit en 1907 un changement aussi brusque que complet. Nous apprîmes que, sans bruit, la psychanalyse avait éveillé l'intérêt de certaines personnes, qu'elle avait trouvé des amis et qu'il y avait des travailleurs scientifiques prêts à y adhérer. Une lettre de Bleuler m'avait déjà fait savoir que mes travaux étaient étudiés et utilisés au Burghölzli[1]. En janvier 1907, le Dr Eitingon[2], de la clinique de Zurich, vint à Vienne, et sa visite fut bientôt suivie de celles de beaucoup d'autres personnes, ce qui eut pour effet d'ouvrir un échange d'idées animé. Enfin, sur l'invitation de C. G. Jung, qui était alors encore médecin adjoint au Burghölzli, eut lieu à Salzbourg, au printemps 1908, la première réunion des amis de la psychanalyse résidant à Vienne, à Zurich et ailleurs. Un des fruits de ce premier congrès psychanalytique fut la fondation d'une revue qui, sous le titre de *Jahrbuch für psycho-*

---

1. La clinique psychiatrique du Burghölzli, à Zurich, fut dirigée par Eugen Bleuler de 1898 à 1927. (*N.d.É.*)

2. Il fonda plus tard la Polyclinique psychanalytique de Berlin.

analytische und psychopathologische Forschung, commença à paraître en 1909, éditée par Bleuler et Freud, avec Jung comme rédacteur en chef. Cette publication devait servir d'intime communauté de travail entre Vienne et Zurich.

J'ai souvent proclamé avec reconnaissance les grands mérites que s'est acquis l'école psychiatrique de Zurich, et plus particulièrement Bleuler et Jung, par leur contribution à la diffusion de la psychanalyse, et ne me propose pas de revenir sur ce point aujourd'hui, dans des circonstances tout à fait différentes. Il est certain que ce n'est pas seulement grâce à l'intervention de l'école de Zurich que l'attention du monde scientifique fut attirée sur la psychanalyse. La période de latence était terminée et la psychanalyse était devenue un peu partout l'objet d'un intérêt qui allait croissant. Mais partout ailleurs cet éveil de l'intérêt pour la psychanalyse n'a abouti qu'à une récusation le plus souvent passionnée, tandis qu'à Zurich on n'a eu guère à enregistrer que des accords sur les principes. Nulle part ailleurs les partisans de la psychanalyse ne formaient un groupe, peu nombreux il est vrai, mais aussi compact; nulle part ailleurs une clinique publique ne se trouvait mise au service de la psychanalyse, et nulle part ailleurs un professeur de clinique n'adoptait les théories psychanalytiques dans le programme de l'enseignement psychiatrique. Les Zurichois formèrent ainsi le noyau de la petite troupe combattant pour la reconnaissance de la psychanalyse. Ils avaient seuls l'occasion d'apprendre à fond l'art nouveau et de l'enrichir de travaux. La plupart de mes partisans et collaborateurs actuels sont venus à moi en passant par Zurich ; et cela est vrai même de ceux qui, au point de vue géographique, étaient plus éloignés de la Suisse que de Vienne. Vienne occupe une position excentrique dans l'Europe occidentale, qui comprend la plupart des grands centres de notre culture ; de graves préjugés ont considérablement nui à sa réputation depuis de nombreuses années ; mais vers la Suisse, où la vie intellectuelle est si active, convergent les représentants de toutes les grandes nations, et un foyer d'infection se formant dans ce pays ne pouvait que contribuer d'une façon extraordinaire à la diffusion de ce que Alfred Hoche, de Freiburg, a appelé l'épidémie psychique.

D'après le témoignage d'un collègue ayant assisté à l'évolution qui s'était accomplie au Burghölzli, on aurait commencé de très bonne heure à s'y intéresser à la psychanalyse. Dans le travail de Jung sur les phénomènes occultes, paru en 1902, on trouve une première référence à l'interprétation des rêves. À partir de 1903 ou 1904, raconte mon témoin, la psychanalyse y aurait occupé le premier plan. Après l'établissement de relations personnelles entre Zurich et Vienne, il se serait formé au Burghölzli, vers le milieu de l'année 1907, une association informelle dont les membres se réunissaient régulièrement pour discuter de questions se rattachant à la psychanalyse. Dans l'union qui s'était formée entre l'école de Vienne et celle de Zurich, le rôle des Suisses ne consistait pas uniquement à être la puissance recevante. Ils avaient déjà réalisé des travaux scientifiques respectables, dont les résultats étaient très précieux pour la psychanalyse. L'épreuve de l'association, préconisée par l'école de Wundt, a été interprétée par eux dans le sens de la psychanalyse et leur a ouvert des possibilités d'utilisation inattendues. Il devint ainsi possible d'obtenir de rapides confirmations expérimentales d'états de fait psychanalytiques et d'offrir à ceux qui voulaient s'initier à la psychanalyse des démonstrations qu'on ne pouvait faire jusqu'alors que verbalement. Ce fut le premier pont jeté entre la psychologie expérimentale et la psychanalyse.

L'expérimentation de l'association permet, au cours du traitement psychanalytique, de faire une analyse qualitative préalable du cas, mais n'apporte aucune contribution essentielle à la technique. On peut même effectuer les analyses sans avoir recours à elle. Mais plus importante fut une autre contribution de l'école de Zurich ou, plutôt, de ses deux chefs : Bleuler et Jung. Le premier montra qu'il existe toute une série de cas psychiatriques dont l'explication n'est possible qu'à la faveur de processus dans le genre de ceux par lesquels la psychanalyse explique les rêves et la névrose (« mécanismes freudiens »). Jung, de son côté, appliquant le procédé d'interprétation analytique aux phénomènes les plus bizarres et les plus obscurs de la démence précoce, a pu démontrer les liens qui les rattachent à la vie antérieure et aux intérêts vitaux du malade. À partir de là, il n'était plus permis aux psychiatres de continuer à ignorer la psychanalyse. Le grand ouvrage de Bleuler sur la schizophrénie (1911), dans lequel le mode d'approche psychanalytique est traité sur un pied d'égalité avec la méthode clinico-systématique, peut être considéré comme le couronnement de cette évolution[1].

Je ne peux pas ne pas profiter de l'occasion pour faire ressortir la différence qui, dès cette époque, existait entre les deux écoles quant à l'orientation du travail scientifique. J'avais publié en 1897 l'analyse d'un cas de schizophrénie[2], mais comme ce cas présentait un cachet paranoïde accentué, sa résolution ne peut pas être considérée comme une anticipation des résultats obtenus à la suite de ses analyses par Jung. Ce qui cependant m'importait le plus, ce n'était pas l'interprétabilité des symptômes, mais le mécanisme psychique d'entrée dans la maladie et, avant tout, l'analogie entre ce mécanisme et celui, déjà établi et connu, de l'hystérie. Nous ne savions encore rien quant aux différences entre les deux mécanismes. Le but que je poursuivais déjà à cette époque consistait à instituer une théorie libidinale des névroses fondée sur la conception d'après laquelle tous les phénomènes névrotiques et psychotiques s'expli-

---

1. Eugen Bleuler, *Dementia Præcox, ou Groupe des schizophrénies* (1911), Paris, GREC/EPEL, 2001. (*N.d.É.*)

2. Sigmund Freud, « Nouvelles remarques sur les psychonévroses de défense », in *Névrose, psychose et perversion*, Paris, PUF, 1973.

queraient par les destinées anormales de la libido, par les déviations de son orientation normale. Ce point de vue était étranger aux savants suisses. Autant que je sache, Bleuler est encore un ferme partisan du déterminisme organique de toutes les formes de la démence précoce, et Jung, dont le livre sur ce sujet avait paru en 1907, se déclara en 1908, au Congrès de Salzbourg, en faveur de la théorie du déterminisme toxique de cette maladie, théorie qui, sans exclure celle qui fait appel à la libido, n'en mériterait pas moins, d'après Jung, la priorité. Il trébucha plus tard (1912) sur le même point, en faisant un appel exagéré aux matériaux dont auparavant il ne voulait pas du tout se servir.

Il est une troisième contribution de l'école suisse, contribution qu'il faut peut-être mettre uniquement sur le compte de Jung et qui ne possède pas, à mon avis, la valeur que lui attribuent les personnes qui virent les choses de plus loin. Il s'agit de la théorie des complexes, telle qu'elle se dégage des *Diagnostische Assoziationsstudien* (1906-1910). Elle ne constitue pas une théorie psychologique indépendante et ne se laisse pas insérer sans contrainte dans l'ensemble des théories psychanalytiques. En revanche, le mot « complexe », terme commode, souvent indispensable pour la description d'cnsemble de situations psychologiques, s'est acquis droit de cité dans la psychanalyse. Parmi tous les termes de désignations créés pour répondre à des besoins psychanalytiques, on en trouverait difficilement un autre qui jouisse d'une aussi large popularité et qui ait été employé d'une façon aussi abusive, au grand préjudice de la précision conceptuelle. On parle couramment dans les milieux psychanalytiques de « retour de complexes », là où il s'agit en réalité de « retour du refoulé » ; et on a pris l'habitude de dire : « J'éprouve à son égard un complexe », alors qu'il serait plus correct de dire : « J'éprouve à son égard une résistance. »

C'est à partir de 1907, c'est-à-dire pendant les années qui suivirent l'établissement de relations constantes entre Vienne et Zurich, que la psychanalyse prit cet essor extraordinaire sous le signe duquel nous vivons encore aujourd'hui ; essor dont nous avons la preuve dans la diffusion des ouvrages qui lui sont consacrés, dans l'augmentation du nombre de médecins désireux d'apprendre ou d'exercer la psychanalyse, ainsi que dans les attaques de plus en plus fréquentes qui sont dirigées contre elle dans les congrès et les réunions de sociétés savantes. Elle s'est propagée jusque dans les pays les plus lointains, en secouant d'effroi les psychiatres et en attirant sur elle l'attention de profanes cultivés et de représentants d'autres branches de la science. Havelock Ellis, qui a suivi son développement avec sympathie, sans jamais s'en déclarer partisan, écrivait en 1911 dans une communication au congrès médical d'Australasie : « La psychanalyse de Freud a aujourd'hui des partisans et est pratiquée non seulement en Autriche et en Suisse, mais aussi aux États-Unis, en Angleterre, dans l'Inde, au Canada et, je n'en doute pas, en Australie[1]. » Un médecin chilien (d'origine probablement allemande) se déclara au congrès international de Buenos Aires (1910) en faveur de l'existence de la sexualité infantile et loua les effets obtenus par le traitement psychanalytique de symptômes obsessionnels[2]. Un neurologue anglais, établi dans l'Inde centrale (Berkeley-Hill), me communiqua, par l'intermédiaire d'un collègue distingué se rendant en Europe, que chez les Hindous mahométans, sur lesquels il pratique l'analyse, les névroses se rattachent à la même étiologie que chez les malades européens.

L'introduction de la psychanalyse en Amérique du Nord s'effectua sous les auspices les plus honorables. En automne 1909, M. Stanley Hall, président de la Clark University, à Worcester (près de Boston), nous invita, Jung et moi, à l'occasion du vingtième anniversaire de la fondation de cette université, à faire une série de conférences en langue allemande. Nous constatâmes, à notre grand étonnement, que les membres de cette petite, mais renommée, université philosophico-pédagogique étaient des hommes sans préjugés, au courant des travaux psychanalytiques dont ils avaient entretenu leurs élèves dans leurs cours. Dans cette Amérique si prude, on pouvait du moins parler

---

1. Havelock Ellis, *The Doctrines of the Freud School.* [En anglais dans le texte.]

2. Germàn Greve, *Sobre Psicología y Psicoterapia de ciertos estados angustiosos.* Voir *Zentralblatt für Psychoanalyse*, vol. I, p. 594.

librement et traiter scientifiquement dans les cercles universitaires de ce qui passait pour choquant dans la vie courante. Les cinq conférences que j'ai improvisées à Worcester ont ensuite paru, dans leur traduction anglaise, dans l'*American Journal of Psychology* et, bientôt après, dans leur texte allemand, sous le titre *Über Psychoanalyse*[1]. Les conférences de Jung avaient porté sur l'étude des associations au point de vue du diagnostic et sur les *Conflits de l'âme enfantine.* Nous reçûmes tous deux le titre honorifique de LL. D. (docteur des deux droits). Pendant cette semaine de festivités, la psychanalyse avait été représentée à Worcester, en plus de Jung et de moi, par Ferenczi qui avait tenu à m'accompagner dans mon voyage, par Ernest Jones, alors professeur à l'Université de Toronto (Canada), actuellement à Londres, et par Abraham Brill qui exerçait déjà la psychanalyse à New York.

À Worcester, nous avons noué des relations, qui devaient avoir pour la psychanalyse la plus grande importance, avec M. James J. Putnam, professeur de neuropathologie à l'Université Harvard. Après s'être prononcé quelques années auparavant contre la psychanalyse, il n'avait pas tardé à en devenir l'ami et s'était mis à l'exposer, dans un esprit amical, à ses compatriotes et confrères, dans des causeries aussi riches de contenu que belles par la forme. Le respect

1. *Cinq leçons sur la psychanalyse.* Voir la première partie du présent ouvrage.

dont il jouissait en Amérique, grâce à sa haute moralité et à son amour hardi de la vérité, ne put que profiter à la psychanalyse, en lui servant de bouclier contre les dénonciations qui n'auraient certainement pas tardé à succomber. Cédant aux grandes exigences morales et philosophiques de sa nature, M. Putnam a cependant cru devoir demander à la psychanalyse plus qu'elle ne pouvait donner et a voulu la mettre au service d'une certaine conception éthico-philosophique du monde. Il n'en resta pas moins le principal défenseur et soutien du mouvement psychanalytique dans son pays[1].

On ne dira jamais assez ce que ce mouvement doit à Jones et à Brill qui, pour le faire connaître et le propager, se sont appliqués dans leurs travaux, avec zèle et abnégation, à mettre sous les yeux de leurs compatriotes les faits fondamentaux de la vie quotidienne, des rêves et des névroses. Brill s'est signalé sous ce rapport principalement par son activité médicale et par la traduction de mes travaux, tandis que Jones agissait dans le même sens par des conférences des plus instructives et par ses interventions combatives dans les discussions dont la psychanalyse faisait l'objet dans les congrès américains[2].

---

1. James J. Putnam, *Addresses on Psycho-Analysis*, International Psycho-Analytic Library, NI, 1921.

2. Abraham Brill, *Psychoanalysis, Its Theories and Practical Applications*, 1912; Ernest Jones, *Papers on Psychanalysis*, 1915. Une deuxième édition du premier de ces

L'absence d'une forte tradition scientifique et le rigorisme peu marqué des autorités officielles furent de nature à encourager en Amérique le mouvement en faveur de la psychanalyse, à la suite de l'impulsion donnée par Stanley Hall. On put observer le fait très caractéristique dans ce pays que dès le début des professeurs et des directeurs d'asiles d'aliénés mirent autant d'empressement que de simples praticiens à expérimenter la psychanalyse. Mais ce fait nous montre précisément que la lutte pour la psychanalyse ne pouvait aboutir à une décision définitive que dans les pays où elle s'était heurtée à la plus forte résistance, c'est-à-dire dans les pays de vieille civilisation.

De tous les pays européens, c'est la France qui, jusqu'à présent, s'est montrée la plus réfractaire à la psychanalyse, bien que le Zurichois Alphonse Maeder ait publié des travaux méritoires susceptibles d'ouvrir aux lecteurs français l'accès des théories psychanalytiques. Les premières manifestations de sympathie vinrent de la province française. Pierre Morichau-Beauchant (de Poitiers) fut le premier Français qui ait adhéré ouvertement à la psychanalyse. Plus récemment (en 1913), MM. Régis et Hesnard (de Bordeaux) ont essayé, dans un exposé qui manque souvent de

---

ouvrages a paru en 1914, tandis que M. Jones a publié en 1918 une seconde édition (très augmentée) de ses *Papers*, suivie en 1923 d'une troisième [trad. fr. *Théorie et pratique de la psychanalyse*, Paris, Payot, 1997].

clarté et s'attaque principalement au symbolisme, de dissiper les préjugés de leurs compatriotes contre la nouvelle théorie. À Paris même, on semble encore partager la conviction, qui avait été exprimée d'une façon si éloquente par M. Janet au Congrès de Londres (1913), d'après laquelle tout ce qu'il y a de bon dans la psychanalyse ne serait qu'une reproduction modifiée des idées de Janet, le surplus étant mauvais. Déjà, au cours du même Congrès, Janet dut supporter les remontrances de Jones, qui lui montra qu'il était peu familiarisé avec la question. Tout en repoussant cependant ses prétentions, nous sommes obligés de reconnaître qu'il a apporté des contributions sérieuses à la psychologie des névroses.

En Italie, après des débuts qui semblaient riches de promesses, le mouvement s'arrêta court. En Hollande, la psychanalyse pénétra de bonne heure, à la faveur de relations personnelles : Jan van Emden, Johan van Ophuijsen, Albert van Renterghem (*Freud en zijn School*) et les deux Stärske y manifestent une activité théorique et pratique[1]. En Angleterre, l'intérêt des cercles scientifiques pour la psychanalyse ne s'est éveillé que peu à peu, mais certains indices nous permettent

1. La première reconnaissance officielle de l'interprétation des rêves et de la psychanalyse a été faite en Europe par le psychiatre Jelgersma, recteur de l'Université de Leyde, dans son discours inaugural du 9 février 1914 (« *Unbewusstes Geistesleben* », *Beihefte der Internationalen Zeitschrift für Psychoanalyse*, NI).

d'espérer que, grâce au sens pratique des Anglais et à leur amour passionné pour la justice, la psychanalyse y atteindra un degré de développement très prononcé.

En Suède, Poul Bjerre, le successeur scientifique de Wetterstrand, a, provisoirement du moins, abandonné la suggestion hypnotique au profit du traitement psychanalytique. Dans son livre *Psykiatriens grundtraek*, paru en 1907, Ragnar Vogt (de Christiania[1]) a rendu justice à la psychanalyse, de sorte qu'on peut dire que le premier traité de psychiatrie tenant compte de la psychanalyse a paru en langue norvégienne. En Russie, la psychanalyse ne tarda pas à être connue et largement répandue : presque tous mes ouvrages, ainsi que de nombreux ouvrages de mes disciples, ont été traduits en russe. Cela ne veut pas dire cependant que les Russes aient réussi à acquérir une intelligence approfondie de mes théories. Les contributions des médecins russes à la psychanalyse peuvent encore être considérées comme insignifiantes. Seule, la ville d'Odessa possède en la personne de Moshe Wulff un psychanalyste compétent. L'introduction de la psychanalyse dans la science et la littérature polonaises fut principalement l'œuvre de Ludwig Jekels. La Hongrie qui, au point de vue géographique, est si proche de l'Autriche et qui, au point de vue scientifique, en est cependant si éloignée, n'a encore fourni à la psychanalyse qu'un seul collaborateur ; mais ce

1. Ancien nom d'Oslo. (*N.d.É.*)

collaborateur s'appelle Sandor Ferenczi et vaut à lui seul toute une société[1].

En ce qui concerne l'Allemagne, on peut dire que la psychanalyse y constitue le centre des discussions scientifiques et provoque aussi bien de la part de médecins que de profanes des

1. [Note ajoutée en 1923 :] Il n'entre pas dans mes intentions de conduire *up to date* cette description ébauchée en 1914. J'ajouterai seulement quelques brèves remarques destinées à faire connaître les changements que ce tableau a subis dans l'intervalle rempli par la guerre mondiale. En Allemagne, les théories analytiques s'infiltrent peu à peu, sans qu'on veuille en convenir, dans la psychiatrie clinique; les traductions françaises de mes ouvrages, parues dernièrement, ont réussi à éveiller en France un vif intérêt pour la psychanalyse, plus vif dans les cercles littéraires que dans les cercles scientifiques. En Italie, Marco Levi Bianchini (Nocera sup.) et Edoardo Weiss (Trieste) sont connus comme traducteurs d'ouvrages psychanalytiques et partisans de la psychanalyse (« Biblioteca psicoanalitica italiana »). Une édition de mes œuvres complètes à Madrid (traduites par Lopez-Ballesteros) témoigne de l'intérêt que portent à la psychanalyse les pays de langue espagnole (prof. Honorio Delgado, à Lima). En ce qui concerne l'Angleterre, la prédiction formulée plus haut semble se réaliser peu à peu, et un centre de culture psychanalytique s'est formé à Calcutta (Indes britanniques). En Amérique du Nord, la psychanalyse est cultivée avec un sérieux et une profondeur qui dépassent de beaucoup sa popularité. En Russie, le travail psychanalytique s'est poursuivi activement, dans un grand nombre de centres, depuis la fin de la révolution. En Pologne paraît actuellement la « Polska Biblioteka Psychoanalytyczna ». Une école florissante de psychanalyse a été fondée en Hongrie par Ferenczi (voir *Festschrift zum 50. Geburtstag von Dr S. Ferenczi*). Ce sont les pays scandinaves qui, pour le moment, se montrent le plus réfractaires à la psychanalyse.

manifestations de réprobation sans réserve qui, loin de s'apaiser, reprennent de temps à autre avec une violence accrue. Aucun établissement officiel n'y est ouvert à l'enseignement ou à la pratique de la psychanalyse, et peu nombreux sont les médecins qui l'exercent avec succès. Seuls des établissements comme celui de Binswanger, à Kreuzlingen (en territoire suisse), et celui de Marcinowski, dans le Holstein, se sont ouverts à elle. La défense de la psychanalyse est assumée à Berlin, ce territoire de la critique, par Karl Abraham, un de ses représentants les plus éminents, ancien assistant de Bleuler. On pourrait trouver étonnant que cet état de choses subsiste sans changement depuis tant d'années, si l'on ne savait que le tableau que nous venons de tracer ne traduit que l'aspect extérieur des choses. On aurait tort d'exagérer la portée de l'attitude négative des représentants officiels de la science et des directeurs d'établissements, ainsi que de ceux qui forment leur suite. Il est naturel que les adversaires parlent fort, tandis que les partisans intimidés se tiennent coi. Quelques-uns de ces derniers, dont les premières contributions à l'analyse étaient pleines de promesses, furent obligés, sous la pression des circonstances, de se retirer du mouvement. Mais celui-ci ne s'en poursuit pas moins irrésistiblement dans le silence, en recrutant parmi les psychiatres et les profanes des adhérents toujours nouveaux ; il attire vers les publications psychanalytiques des lecteurs de plus en plus nombreux, en obligeant ainsi les adversaires à multiplier et à renforcer leurs moyens d'attaque. J'ai été amené une bonne dizaine de fois, au cours de ces dernières années, à apprendre, en lisant les comptes rendus de certains congrès ou de séances de sociétés scientifiques ou de certaines publications psychanalytiques, que la psychanalyse était morte, définitivement terrassée et liquidée. Je pourrais, en réponse à cette déclaration, suivre l'exemple de Mark Twain qui, ayant lu dans un journal l'annonce de sa mort, adressa au directeur un télégramme pour lui faire savoir que : « Nouvelle de ma mort fort exagérée. » À la suite de chacune de ces annonces macabres, la psychanalyse se montre plus vivante que jamais, plus riche en partisans et en collaborateurs, se donnant de nouveaux organes. Annonce de mort est progrès sur silence de mort.

En même temps que cette expansion de la psychanalyse dans l'espace, on assistait à l'application de ses points de vue à d'autres sciences, grâce à l'étude des névroses et de la psychiatrie. Je ne m'attarderai pas à cet aspect de l'évolution de notre discipline : il existe sur ce sujet un excellent travail de Rank et Sachs (paru dans la collection « Grenzfragen », de Löwenfeld) où sont exposées d'une manière détaillée ces nouvelles contributions du travail analytique. Il convient de dire cependant que, dans ce domaine, nous ne possédons encore que des commencements, des ébauches, voire, le plus souvent, des projets. Ceux qui savent être équitables dans leurs jugements ne verront dans cette appréciation aucun reproche. Innombrables sont les problèmes, mais très petit le nombre de travailleurs prêts à les affronter, et encore la plupart d'entre eux sont-ils obligés de se livrer à d'autres occupations principales, et ne procèdent-ils, pour s'attaquer à des problèmes sortant du cadre de leur spécialité, qu'avec une préparation de dilettantes. Ces travailleurs venant de la psychanalyse ne songent d'ailleurs pas à cacher leur dilettantisme, leur seule ambition consistant à montrer le chemin aux spécialistes, à marquer leur place, à leur recommander d'utiliser les techniques et les postulats de la psychanalyse, le jour où ils voudront se mettre au travail. Et si, malgré tout, les résultats obtenus jusqu'à ce jour sont loin d'être négligeables, cela tient d'une part à la fécondité de la méthode psychanalytique, d'autre part au fait qu'il existe dès maintenant des chercheurs qui, sans être médecins, se sont consacrés aux applications de la psychanalyse aux sciences humaines.

On le devine sans peine : la plupart de ces applications se rattachent à mes premiers travaux analytiques. L'examen analytique des névrosés et l'analyse des symptômes névrotiques de sujets normaux révélèrent l'existence de conditions psychologiques qui ne pouvaient pas valoir uniquement pour le domaine dans lequel elles avaient été découvertes. C'est ainsi que, tout en nous donnant l'explication de phénomènes pathologiques, la psychanalyse nous a révélé les liens qui les rattachent à la vie psychique normale, ainsi que les rapports existant entre la psychiatrie et les autres sciences ayant plus ou moins pour objet l'étude de l'activité psychique. C'est ainsi que certains rêves typiques, par exemple, fournirent l'explication de certains mythes et contes. S'engageant dans cette voie, Franz Riklin et Karl Abraham ont inauguré les recherches sur les mythes, qui ont trouvé leur aboutissement dans les travaux de Otto Rank, sur la mythologie[1], si rigoureusement conformes à toutes les exigences de cette science particulière. En approfondissant l'étude du symbolisme des rêves, on se trouva en présence de problèmes en rapport avec la mythologie, le folklore (Jones, Storfer) et les abstractions religieuses. Je me rappelle l'impression profonde que ressentirent les membres d'un congrès psychanalytique en entendant un élève de Jung faire ressortir les analogies qui existent entre les formations imaginaires des schizophrènes et les cosmogonies des peuples et des époques primitifs. Les matériaux fournis par la mythologie ont trouvé plus tard une élaboration intéressante, bien que plus contestable, dans les travaux de Jung tendant à établir un lien entre les manifestations névrotiques, d'une part, les créations et l'imagination dans les domaines religieux et mythologique, d'autre part.

De l'exploration des rêves, on fut conduit, par une autre voie, à l'analyse des créations littéraires d'abord, des écrivains et des artistes eux-mêmes, ensuite. La première constatation fut que les rêves imaginés par les écrivains se comportaient souvent,

---

1. Otto Rank, *Le Mythe de la naissance du héros* (1909), Paris, Payot, 2000.

confrontés à l'analyse, comme des rêves authentiques (« Gradiva »[1]). La conception de l'activité psychique inconsciente permit de se faire une première idée de la nature de la création littéraire. Les pulsions, dont nous avons été obligés de reconnaître le rôle dans la formation de symptômes névrotiques, ont ouvert l'accès aux sources de la création artistique ; les questions qui se posèrent furent alors de savoir comment l'artiste réagit à ces incitations et quel déguisement il donne à ses réactions (voir Rank, *Der Künstler* ; les analyses d'écrivains, par Isidor Sadger, Theodor Reik et autres ; mon petit travail sur un souvenir d'enfance de Léonard de Vinci ; l'analyse de Segantini, par Karl Abraham[2]). La plupart des analystes s'intéressant à des questions d'ordre général ont contribué par leurs travaux au traitement de ces problèmes, les plus fascinants de tous ceux qui se prêtent aux applications de la psychanalyse. Il va sans dire que sur ce terrain naturellement on eut à faire face à l'opposition de ceux qui n'étaient pas familiarisés avec la psychanalyse, aux mêmes contresens et aux mêmes réprobations passionnées que sur le sol de la psychanalyse. On pouvait, en effet, prévoir que partout où la psychanalyse

1. Voir Sigmund Freud, *Le Délire et les rêves dans la « Gradiva » de W. Jensen*, 1907. (*N.d.É.*)

2. Otto Rank, *L'Art et l'Artiste* (1907), Paris, Payot, 1998 ; Karl Abraham, « Giovanni Segantini. Essai psychanalytique » (1911), in *Œuvres complètes*, tome I, Paris, Payot, 2000. (*N.d.É.*)

essaierait de pénétrer, elle aurait à essuyer les attaques des gens en place. Sauf que les tentatives d'invasion par la psychanalyse n'ont pas encore éveillé partout la même attention et que d'autres luttes l'attendent à l'avenir. Parmi les applications rigoureusement scientifiques de la méthode analytique à la critique littéraire, il convient de citer l'ouvrage capital de Rank sur l'inceste[1], ouvrage qu'attend sûrement un accueil d'une grande animosité. Les applications de la psychanalyse à la linguistique et à l'histoire sont encore fort peu nombreuses. Le premier, j'avais essayé en 1910 d'aborder les problèmes liés à la psychologie religieuse, en établissant une analogie entre le cérémonial religieux et celui des névrosés[2]. Dans son travail sur la piété du comte de Zinzendorf (et dans quelques autres travaux), le Dr Pfister, pasteur à Zurich, a tenté de rattacher l'exaltation religieuse à l'érotisme pervers ; et dans les derniers travaux de l'école de Zurich on constate une introduction dans l'analyse, des représentations religieuses, alors que c'est le contraire qui était visé.

Dans les quatre essais qui composent mon ouvrage *Totem et Tabou*[3], j'ai essayé d'appliquer la méthode analytique à des problèmes qui, se

---

1. Otto Rank, *Das Inzest-Motiv in Dichtung und Sage*, 1912. (*N.d.É.*)

2. Sigmund Freud, « Actions compulsionnelles et exercices religieux », in *Névrose, psychose et perversion*, *op. cit.*

3. Sigmund Freud, *Totem et Tabou*, Paris, Payot, coll. « Petite Bibliothèque Payot », 2001. (*N.d.É.*)

rattachant à la psychologie des peuples, nous font remonter aux origines des institutions culturelles les plus importantes de notre civilisation : organisation politique, moralité, religion, mais aussi interdiction de l'inceste et conscience morale. Dans quelle mesure les corrélations que j'ai cru pouvoir formuler à ce sujet résisteront-elles aux assauts de la critique ? C'est ce qu'il est pour le moment impossible de prévoir.

Mon livre sur *Le Mot d'esprit* constitue le premier essai d'application de la méthode analytique à des questions d'esthétique. C'est là un domaine encore inexploré et qui promet aux futurs travailleurs de riches découvertes. Ce sont les spécialistes dans les branches correspondant à ces questions qui font défaut, et c'est pour faire appel à leur concours que Hanns Sachs a fondé la revue *Imago* qu'il dirige depuis 1912, en collaboration avec Otto Rank. Eduard Hitschmann et Alfred von Winterstein ont inauguré dans cette revue l'explication psychanalytique de systèmes et de personnalités philosophiques, par des travaux que nous souhaitons voir se poursuivre et gagner en profondeur.

Les découvertes aux effets révolutionnaires que la psychanalyse a cru pouvoir formuler à propos de la vie psychique de l'enfant, du rôle qu'y jouent les impulsions sexuelles (Hermine von Hug-Hellmuth[1]) et du sort qui échoit aux éléments

1. Voir Hermine von Hug-Hellmuth, « De la vie de l'âme de l'enfant. Le temps du jeu » (1913), in *Essais psychanaly-*

constitutifs de la sexualité qui deviennent inutilisables en vue de la procréation, ont dû nécessairement attirer sur elles l'attention des pédagogues et les encourager à mettre au premier plan les points de vue psychanalytiques sur l'éducation. Ce fut le mérite du pasteur Pfister d'avoir entrepris cette application, avec un sincère enthousiasme, et d'avoir voulu faire partager son enthousiasme à tous les éducateurs, à tous ceux qui ont charge d'âmes (*Die psychoanalytische Methode*, 1913). Il a d'ailleurs réussi à gagner à sa cause un grand nombre d'éducateurs suisses. Certains de ses collègues, tout en déclarant partager ses idées, ont préféré par prudence rester à l'arrière-plan. Certains analystes viennois semblent avoir abandonné la psychanalyse au profit d'une sorte de pédagogie médicale (Alfred Adler et Carl Fortmüller, *Heilen und Bilden*, 1913).

J'ai essayé, dans cette énumération incomplète, de faire ressortir les innombrables rapports qui existent entre la psychanalyse médicale et d'autres branches de la science. Il y a là du travail pour toute une génération de chercheurs, et je suis persuadé que ce travail ne pourra être abordé et mené à bonne fin que lorsque seront tombées les résistances que la psychanalyse rencontre sur son sol natal même[1].

Ce serait se livrer à un travail stérile et dépassé

---

tiques. Destin et écrits d'une pionnière de la psychanalyse des enfants, Paris, Payot, 1991. (*N.d.É.*)

1. Voir également mes deux articles parus dans *Scientia*

que de décrire ici l'histoire de ces résistances. Cette histoire n'a rien de flatteur pour les représentants de la science de nos jours. Je tiens cependant à ajouter qu'il ne m'était jamais venu à l'esprit de considérer en bloc comme des hommes méprisables les adversaires de la psychanalyse, uniquement parce que adversaires, à l'exception de quelques indignes chevaliers d'industrie et pêcheurs en eau trouble, qu'on rencontre habituellement dans les deux camps d'un combat. Je savais m'expliquer l'attitude de ces adversaires, et l'expérience m'avait appris en outre que la psychanalyse fait remonter à la surface ce qu'il y a de pire dans l'homme. Mais j'avais pris la décision de ne pas répondre et j'ai usé de toute mon influence pour empêcher les autres de s'engager dans des polémiques. L'utilité de discussions publiques ou dans la littérature spécialisée me paraissait très douteuse, étant donné les conditions particulières dans lesquelles se déroulait la lutte pour et contre la psychanalyse ; nous étions toujours sûrs d'avoir contre nous la majorité dans les Congrès et les réunions de sociétés, et je ne me fiais pas outre mesure à la justesse et à la noblesse de sentiments de mes adversaires. L'observation montre que rares sont les hommes capables de rester polis ou encore moins objectifs au cours d'une discussion scientifique, et je ne pouvais jamais songer sans horreur aux chamailleries scientifiques. Cette atti-

---

(vol. XIV, 1913) sous le titre « L'intérêt que présente la psychanalyse ».

tude que j'ai cru devoir adopter a été sans doute mal interprétée ; on a cru que j'étais assez débonnaire ou intimidé pour qu'il n'y eût pas à avoir envers moi le moindre égard. À tort, car je suis capable de me mettre en colère et d'injurier comme n'importe qui, mais il me répugne de donner une expression littéraire à mes manifestations affectives, d'où ma préférence pour une complète abstention.

J'aurais peut-être mieux fait, à bien des égards, de laisser libre cours à mes passions et à celles de mon entourage. Nous avons tous entendu parler de l'intéressante tentative d'expliquer la psychanalyse par le milieu viennois. Janet n'a pas dédaigné de s'en servir encore en 1913, bien qu'il soit certainement fier d'être parisien et que Paris n'ait guère le droit de se considérer comme une ville plus austère que Vienne. D'après cette théorie, la psychanalyse, et plus particulièrement l'affirmation que les névroses sont liées à des troubles de la vie sexuelle, n'aurait pu voir le jour que dans une ville comme Vienne, dans une atmosphère de sensualité et d'immoralité, étrangère à d'autres villes, et représenterait uniquement l'image, autant dire la projection théorique, de ces conditions particulières du milieu viennois. Or, je n'ai guère l'esprit de clocher, mais j'ai toujours trouvé cette théorie parfaitement insensée, si insensée que j'ai été plus d'une fois tenté d'admettre que ce reproche adressé au milieu viennois n'était qu'un euphémisme destiné à en dissimuler un autre qu'on n'osait pas formuler publiquement[1]. La discussion ne serait possible que dans le cas où se trouveraient réalisées des conditions opposées. Supposons qu'il existe une ville dont les habitants s'imposent des restrictions particulières au point de vue de la satisfaction des besoins sexuels et présentent en même temps une prédisposition particulière aux névroses graves : l'idée pourrait alors venir à un observateur de rattacher ces deux faits l'un à l'autre et d'expliquer l'un par l'autre. Or, à Vienne rien de pareil. Les Viennois ne sont ni plus abstinents ni plus névrosés que les habitants d'une autre grande ville. Les relations entre les sexes y sont un peu moins embarrassées, la pruderie y est moindre que dans les villes du Nord et de l'Ouest, fières de leur rigorisme. Ces particularités du milieu viennois seraient de nature à induire en erreur notre observateur présumé, plutôt qu'à lui fournir une explication étiologique des névroses.

Mais la ville de Vienne a fait tout ce qu'elle a pu pour dénier la part prise dans la naissance de la psychanalyse. Nulle part ailleurs, cercles cultivés et savants ne traitent les analystes avec une indifférence hostile aussi peu dissimulée.

La responsabilité en est peut-être, en partie, à mon horreur du grand public. Si j'avais voulu ou consenti à ce que la psychanalyse donnât lieu, dans les sociétés médicales de Vienne, à des

---

1. Il est possible que Freud, qui avait des origines juives, fasse ici allusion à une forme d'antisémitisme. (*N.d.É.*)

séances orageuses, dans lesquelles toutes les passions se seraient donné libre cours et où l'on se serait jeté à la tête tous les reproches et toutes les invectives réciproques qu'on a sur le bout de la langue, peut-être qu'à l'heure actuelle l'anathème contre la psychanalyse serait surmonté et celle-ci ne serait plus une étrangère dans sa ville natale. Mais il n'en fut pas ainsi et, comme le poète le fait dire à Wallenstein, « ce que les Viennois ne me pardonnent pas, c'est de les avoir frustrés d'un spectacle ».

Mettre sous les yeux des adversaires de la psychanalyse, *suaviter in modo* [avec douceur], ce qu'il y avait d'injuste et d'arbitraire dans leur attitude était une tâche pour laquelle je n'étais pas fait. C'est Bleuler qui s'en chargea en 1911, dans son livre *La Psychanalyse de Freud*[1], et s'en acquitta de la manière la plus honorable. Dire du bien de ce travail, dont l'auteur dirige les critiques contre les deux parties et qui passe par ma personne, serait si naturel de ma part, que je m'empresse de dire ce que j'ai à lui reprocher. Je lui trouve toujours une certaine partialité, l'auteur se montrant trop indulgent pour les erreurs des adversaires, trop sévère pour les errements des partisans. C'est ce qui explique, à mon avis, pourquoi le jugement d'un psychiatre de la valeur de

1. Eugen Bleuler, *Die Psychoanalyse Freuds : Verteidigung und kritische Bemerkungen*, 1911, trad. fr. *La Psychanalyse de Freud. Défense et remarques critiques*, Clichy, GREC, 1994. (*N.d.É.*)

Bleuler, d'un savant d'une compétence et d'une indépendance intellectuelle aussi incontestables, n'a pas exercé d'influence sur ses confrères. Je n'apprendrai certes rien de nouveau à l'auteur de l'*Affektivität, Suggestibilität, Paranoia* (1906) en lui disant que l'influence exercée par un travail dépend moins de la valeur des arguments qu'il contient que de la nature de son ton affectif. Quant à l'influence que Bleuler pouvait exercer sur les partisans de la psychanalyse, il l'a lui-même détruite plus tard, en révélant dans son article « Kritik der Freudschen Theorie » (1913) l'envers de son attitude à l'égard de la psychanalyse. Dans cet ouvrage, il enlève tant de choses de l'édifice de la théorie psychanalytique que les adversaires de celle-ci ne pouvaient qu'être enchantés du renfort qu'il leur fournissait ainsi. Or, dans les condamnations qu'il formule, Bleuler, au lieu d'invoquer de nouveaux arguments ou de nouvelles observations, ne fait valoir que l'état de sa propre connaissance du sujet, connaissance dont, contrairement à ce qu'il avait fait dans les travaux antérieurs, il ne songe plus à avouer l'insuffisance. Cette fois, la psychanalyse était menacée de subir une perte douloureuse. Mais dans son dernier ouvrage (*Die Kritiken der Schizophrenie*, 1914), à propos duquel on lui avait reproché d'avoir introduit la psychanalyse dans un livre sur la schizophrénie, Bleuler se réfugie dans ce qu'il appelle lui-même la « présomption » : « Mais à présent, dit-il, je suis décidé à me montrer présomptueux : j'estime que toutes les psychologies qui nous ont été offertes jusqu'à ce jour pour l'explication des liens qui relient les uns aux autres les symptômes et les maladies psychogéniques ont de rares et piètres réalisations, mais que la psychologie des profondeurs (*Tiefenpsychologie*) constitue un fragment de la psychologie qui reste à créer et dont le médecin a besoin pour comprendre ses malades et les traiter rationnellement. Je pense même avoir fait, dans mon livre sur la schizophrénie, un pas (encore peu appréciable, si l'on veut) vers cette compréhension. Les deux premières déclarations sont certainement exactes ; en avançant cette dernière, il se peut que je commette une erreur. »

Comme la « psychologie des profondeurs » ne signifie au fond pas autre chose que la psychanalyse, nous pouvons pour le moment nous contenter de cet aveu.

III

« Sois bref !
Le jour du jugement ce ne sera qu'un pet »
GOETHE [1]

Deux ans après le premier congrès privé des psychanalystes eut lieu le second, cette fois à Nuremberg (mars 1910). Dans l'intervalle entre ces deux congrès, sous l'influence de l'accueil que j'avais reçu en Amérique, de l'hostilité croissante qui se manifestait dans les pays de langue allemande et du renfort inattendu qui lui était venu de Zurich, j'avais conçu un projet que je réussis, au cours de ce deuxième congrès, à mettre à exécution avec l'aide de mon ami Sandor Ferenczi. Ce projet consistait à donner au mouvement

1. Ces vers sont extraits des *Xénies apprivoisées*. Freud les avait déjà utilisés le 4 décembre 1896 dans une lettre à Fliess. Voir *Lettres à Wilhelm Fliess, 1887-1904*, Paris, PUF, 2006, p. 263. (*N.d.É.*)

psychanalytique une organisation, à transporter son centre à Zurich et à en confier la direction à un chef capable d'en assurer l'avenir. Ce projet ayant soulevé de nombreuses objections de la part de mes partisans, je vais en exposer les motifs avec quelques détails. J'espère réussir à me justifier, alors même qu'on trouverait que mon idée manquait d'intelligence.

Il m'avait semblé qu'en maintenant le centre à Vienne on ne pouvait qu'entraver le mouvement, au lieu de le favoriser. Une ville comme Zurich, placée au cœur de l'Europe et dans laquelle un professeur d'université avait ouvert un Institut de psychanalyse, me semblait riche en perspectives. Je m'étais dit, en outre, qu'un autre obstacle résidait dans ma personne : la faveur et la haine des partis l'avaient tellement déformée que personne ne savait plus exactement à quoi s'en tenir sur mon compte. Si les uns me comparaient à Colomb, à Darwin, à Kepler, d'autres me traitaient ignominieusement de paralytique général. Aussi voulais-je me mettre à l'arrière-plan, de même que la ville dans laquelle la psychanalyse était née. De plus, je ne me sentais plus tout jeune et voyant encore un long chemin devant moi, j'envisageais avec accablement la perspective d'avoir à assumer, sur mes vieux jours, le rôle de chef et de guide. Et cependant, me disais-je, un chef est nécessaire. Je savais trop bien quelles erreurs guettaient ceux qui s'occupaient de psychanalyse et j'espérais que beaucoup de ces erreurs pourraient être évitées s'il y avait une autorité capable d'instructions et d'avertissements. Cette autorité m'était échue tout d'abord, grâce à l'avance que me valaient quinze années d'expérience. Aussi voulais-je transmettre cette autorité à un homme plus jeune qui, après ma disparition, se trouvât désigné tout naturellement comme mon successeur. Cet homme ne pouvait être que C. G. Jung, car Bleuler était un contemporain, et, d'autre part, Jung avait à son actif des dons de premier ordre, les contributions qu'il avait déjà fournies à la psychanalyse, sa situation indépendante et une énergie affirmée qui s'imposait à tous ceux qui l'approchaient. Il semblait, en outre, disposé à nouer avec moi des relations d'amitié et à faire abstraction, à mon égard, des préjugés de race qu'il avait professés jusqu'alors. Je ne pouvais pas prévoir alors que, malgré tout ce qui plaidait en sa faveur, mon choix se montrerait malheureux, s'étant porté sur une personne qui, incapable de supporter l'autorité d'un autre, était encore plus incapable de s'imposer elle-même comme une autorité et dont l'énergie s'épuisait dans la poursuite sans scrupules de ses intérêts personnels.

J'avais jugé nécessaire d'adopter la forme d'une association officielle, afin de prévenir les abus qui pourraient se commettre au nom de la psychanalyse, une fois qu'elle serait devenue populaire. Il fallait qu'il y eût un centre ayant le pouvoir de déclarer : toutes ces absurdités n'ont rien à voir avec l'analyse, elles ne sont pas de la psychanalyse. Les groupes locaux dont devait se composer l'association internationale auraient eu pour mission d'enseigner la manière de pratiquer la psychanalyse et de former les médecins, en se portant pour ainsi dire garants de leur compétence. Je désirais également voir s'établir entre les partisans de la psychanalyse des relations d'amitié et de soutien mutuel, par réaction contre l'anathème que la science officielle faisait peser sur elle et contre le boycottage des médecins et des établissements dans lesquels elle était pratiquée.

C'est cela, et pas autre chose, que je voulais réaliser par la fondation de l'Association psychanalytique internationale. Mais cela dépassait sans doute la mesure de ce qui était réalisable. De même que mes adversaires furent obligés de reconnaître qu'il n'était pas possible de contenir ce mouvement, je devais, de mon côté, être amené à constater l'impossibilité d'orienter ce mouvement dans la direction que je voulais lui assigner. La proposition faite par Ferenczi à Nuremberg fut bien adoptée, et Jung, nommé président, choisit comme secrétaire Franz Riklin ; on décida en outre la publication d'un « bulletin de correspondance », destinée à assurer le contact entre le groupement central et les groupes locaux. Il fut déclaré que le but de l'Association consisterait à « cultiver et faire avancer la science psychanalytique fondée par Freud, soit en tant que psychologie pure, soit dans ses applications à la médecine et aux sciences de l'esprit » ; à « favoriser l'aide mutuelle de ses membres dans leurs efforts pour acquérir et propager les connaissances psychanalytiques ». Les Viennois manifestèrent cependant au projet une vive opposition. Adler exprima dans des termes passionnés la crainte de voir s'établir « une censure et une restriction de la liberté scientifique ». Les Viennois finirent cependant par adhérer au projet, après avoir obtenu que l'association ait son siège non à Zurich, mais dans la résidence du président, élu pour deux ans.

Au cours du Congrès même, trois groupes locaux se sont constitués : celui de Berlin, sous la présidence de Karl Abraham, celui de Zurich dont le président venait d'être appelé à la direction centrale de l'Association, et celui de Vienne dont j'ai abandonné la direction à Adler. Un quatrième groupe, celui de Budapest, n'a pu se constituer que plus tard. Bleuler, empêché par la maladie, n'a pu assister au Congrès ; après avoir soulevé quelques objections de principe contre son entrée dans l'association, il avait fini par y adhérer après une discussion personnelle, mais il ne tarda pas à en sortir à la suite de certains différends survenus à Zurich. Ainsi se trouva rompu le lien qui rattachait le groupe local de Zurich à l'établissement du Burghölzli.

Une autre conséquence du Congrès de Nuremberg fut la fondation du *Zentralblatt für Psychoanalyse*, à laquelle s'associèrent Alfred Adler et Wilhelm Stekel. Cette revue avait manifestement au début une tendance à l'opposition et devait défendre l'hégémonie de Vienne que l'élection de Jung semblait menacer. Mais lorsque les deux promoteurs de la revue, ne pouvant trouver un éditeur, vinrent m'assurer de leurs intentions pacifiques, en soumettant d'avance leurs manifestations à mon droit de veto, je consentis à me charger de la direction de ce périodique dont le premier numéro parut en septembre 1910 et auquel je pris dans la suite une part active.

Je poursuis l'histoire des congrès psychanalytiques. Le troisième eut lieu à Weimar en septembre 1911 et dépassa les deux premiers par l'ambiance et l'intérêt scientifique. James Putnam, qui assista à ce congrès, exprima, à son retour en Amérique, sa satisfaction et son respect pour la *mental attitude* de ceux qui y prirent part et cita une parole que j'aurais eue sur ces derniers : « Ils ont appris à supporter une part de vérité[1]. » En effet, tous ceux qui avaient l'habitude des congrès scientifiques ne purent emporter qu'une impression favorable de l'Association psychanalytique. Ayant moi-même dirigé les deux premiers congrès, j'avais accordé à chacun le temps voulu pour sa communication, en laissant la discussion prendre le caractère d'un échange d'idées privé. Jung, qui présida le congrès de Weimar, réintroduisit la discussion à la suite de chaque communication, ce qui ne se révéla pas encore perturbant.

Tout autre fut la tournure prise par le quatrième congrès, qui eut lieu à Munich en septembre 1913 et dont tous les participants gardent encore le souvenir. Il fut présidé par Jung, qui se

1. James J. Putnam, « On Freuds Psycho-Analytic Method and its Evolution », *Boston Medical and Surgical Journal*, 25 janvier 1912.

montra déplaisant et incorrect; les auteurs des communications ne disposaient que d'un temps limité, les discussions débordant les conférences. Le hasard, par suite d'un caprice, avait voulu que le méchant Hoche fixât son domicile dans la maison même où les analystes tenaient leurs assises. Il aurait pu ainsi se convaincre à quel point était absurde sa définition de l'Association : « une secte fanatique obéissant à son chef dans une dévotion aveugle ». À la suite de négociations pénibles et peu édifiantes, Jung fut réélu président de l'Association psychanalytique internationale, fonctions qu'il n'hésita pas à accepter, bien que les deux cinquièmes des présents lui eussent refusé leur confiance. On se sépara, sans éprouver le besoin de se revoir.

La composition de l'Association psychanalytique internationale fut, à l'époque du Congrès, la suivante : les groupes locaux de Vienne, Berlin et Zurich étaient constitués depuis le Congrès de Nuremberg (1910); en mai 1911 fut fondé un groupe à Munich, sous la présidence du Dr Leonhard Seif; au cours de la même année se constitua le premier groupe local américain, The New York Psychoanalytic Society, présidé par Abraham Brill. Au cours du congrès de Weimar fut autorisée la fondation d'un deuxième groupe américain qui, constitué dans le courant de l'année suivante, sous l'appellation American Psychoanalytic Association, comprenait des membres habitant le Canada et diverses régions de l'Amérique et avait pour président James Putnam et pour secrétaire

Ernest Jones. Peu de temps avant le Congrès de Munich (1913) se constitua le groupe local de Budapest, sous la présidence de Ferenczi. Aussitôt après, Jones, qui était venu habiter Londres, fonda le premier groupe anglais. Il va sans dire que pour avoir une idée exacte de l'importance numérique des disciples et partisans de la psychanalyse, il faut tenir compte également de ceux, et ils sont nombreux, qui ne faisaient partie d'aucun de ces huit groupes locaux.

Le développement de la littérature psychanalytique périodique mérite également une brève mention. La première publication mise au service de la psychanalyse s'intitule « Schriften zur angewandten Seelenkunde ». Dans cette collection paraissent depuis 1907, à intervalles irréguliers, des monographies de psychanalyse appliquée. Ont été publiés des travaux de Freud (n°s 1 et 7), de Riklin, Jung, Abraham (n°s 4 et 11), de Rank (n°s 5 et 13), de Sadger, Pfister, Max Graf[1], Jones (n°s 10 et 14), de Storfer et von Hug-Hellmuth[2]. La fondation de la revue *Imago*, dont nous parlerons plus loin, a fait un certain tort à cette forme de publication. À la suite de la réunion de Salzbourg (1908), fut fondé le *Jahrbuch für psycho-*

1. Max Graf était le père du « petit Hans », Herbert Graf. Voir Sigmund Freud, *Le Petit Hans. Analyse d'une phobie d'un petit garçon de cinq ans* (1909). (*N.d.É.*)

2. [Note ajoutée en 1924 :] Dans la même collection ont paru plus tard des travaux de Sadger (n°s 16 et 18) et Kielhoz (n° 17).

analytische und psychopathologische Forschungen, dont Jung est resté rédacteur en chef pendant cinq ans ; il est reparu sous une nouvelle direction et avec un titre quelque peu modifié : *Jahrbuch der Psychoanalyse*. Cessant d'être des Archives destinées à recueillir des travaux monographiques, il s'attache à faire ressortir les événements et les acquisitions de la psychanalyse. Le *Zentralblatt für Psychoanalyse*, dont le projet avait été conçu par Adler et Stekel, après la fondation de l'Association internationale (Nuremberg 1910), a eu une existence très agitée en un court laps de temps. Déjà le n° 10 du premier volume annonçait en première page qu'à la suite d'un désaccord scientifique, surgi entre le Dr Alfred Adler et l'éditeur, le premier avait pris la décision de se séparer de plein gré de la rédaction. Le Dr Stekel resta donc le seul rédacteur (été 1911). Au cours du Congrès de Weimar, le *Zentralblatt* fut élevé à la dignité d'organe officiel de l'Association internationale, et il fut décidé qu'il serait adressé à tous les membres de cette Association, moyennant une augmentation de la cotisation annuelle. À partir du n° 3 de la deuxième année (hiver 1912), Stekel devint le seul rédacteur responsable du contenu des travaux publiés par le *Zentralblatt*. Du fait de son comportement, qu'il m'est impossible de rendre public, je me vis obligé de renoncer à mon rôle d'éditeur et de créer en toute hâte un nouvel organe : l'*Internationale Zeitschrift für ärztliche Psychoanalyse*. Grâce aux efforts de presque tous les collaborateurs et du nouvel éditeur, H. Heller, la première livraison de ce périodique put paraître en janvier 1913 et s'affirmer comme l'organe officiel de l'Association psychanalytique internationale, à la place du *Zentralblatt*.

Entre-temps, au début de 1912, le Dr Hanns Sachs et le Dr Otto Rank fondèrent une nouvelle revue, *Imago*, consacrée uniquement aux applications de la psychanalyse aux sciences psychiques. *Imago*, qui en est aujourd'hui à sa troisième année d'existence, est suivie avec un intérêt croissant, même par des lecteurs étrangers à l'analyse médicale proprement dite[1].

En plus de ces quatre périodiques (*Schriften zur angewandten Seelenkunde, Jahrbuch, Internationale Zeitschrift, Imago*), d'autres périodiques allemands et étrangers publient des travaux qui méritent d'être rangés dans la littérature psychanalytique. Le *Journal of abnormal Psychology*, publié par Morton Prince, contient généralement d'excellents travaux analytiques qui en font le principal représentant de la littérature analytique américaine. En hiver 1913, White et Jelliffe, de New York, fondèrent une revue exclusivement consacrée à la psychanalyse (*The Psycho-analytic Review*), revue dont le besoin se faisait sentir, étant donné que la plupart des médecins améri-

1. [Note ajoutée en 1924 :] Ces deux publications ont été reprises en 1919 par l'Internationaler psychoanalytischer Verlag. À partir du tome VI, le mot *ärztliche* (« médicale ») a disparu du titre de l'*Internationale Zeitschrift für Psychoanalyse*.

cains s'intéressant à l'analyse ignorent ou ne possèdent qu'insuffisamment la langue allemande[1].

Et maintenant, il me reste à parler de deux mouvements de dissidence qui se sont produits dans les rangs des psychanalystes, le premier entre la fondation de l'Association (1910) et le Congrès de Weimar (1911), le second après ce Congrès, pour ne devenir publique qu'à Munich (1913). Les déceptions qu'elles m'ont causées auraient pu être évitées, si l'on avait davantage tenu compte de ce qui se passe chez les sujets soumis au traitement analytique. J'avais toujours admis que le premier contact avec les pénibles vérités révélées par l'analyse était de nature à rebuter, à donner envie de fuir ; et je n'ai cessé de proclamer que le degré de compréhension de chacun est en rapport étroit avec ses propres refoulements (plus précisément avec les résistances qui les maintiennent), qui l'empêchent de dépasser dans l'analyse un point déterminé. Mais ce que je n'aurais jamais cru possible, c'est que quelqu'un, après avoir poussé sa compréhension de l'analyse jusqu'à une certaine profondeur, pût renoncer à ce qu'il avait acquis sous ce rapport, voire le perdre. Et pourtant, l'expérience quotidienne des malades nous a montré la possibilité de la réfraction totale de la connaissance analytique, sous l'influence d'une

1. [Note ajoutée en 1924 :] En 1920, Ernest Jones fonda l'*International Journal of Psycho-Analysis*, périodique destiné à l'Amérique et à l'Angleterre.

résistance un peu forte émanant d'une strate plus profonde. C'est ainsi qu'après avoir rendu compréhensibles à un malade, par un travail pénible, certaines données analytiques plus ou moins importantes et avoir réussi à lui apprendre à les manier comme son bien propre, nous constatons, à un moment donné, que, sous l'influence d'une nouvelle résistance, il jette aux quatre vents tout ce qu'il avait acquis et appris et se met en état de défense comme aux plus beaux jours de ses débuts. J'ai eu l'occasion de m'apercevoir qu'à ce point de vue, les psychanalystes peuvent se comporter comme les malades soumis à l'analyse.

Écrire l'histoire de ces deux défections n'est une tâche ni facile, ni enviable, car, d'une part, je n'y suis pas poussé par des mobiles personnels suffisamment intenses (je ne m'attendais pas à de la reconnaissance et je ne suis guère rancunier) et, d'autre part, je sais fort bien qu'en l'écrivant je m'expose aux invectives d'adversaires peu scrupuleux et offre aux ennemis le spectacle tant désiré par eux de « psychanalystes qui s'entre-déchirent ». Je m'étais imposé la règle (en tâchant de m'y conformer le plus strictement possible) de ne pas discuter avec mes adversaires extérieurs à l'analyse ; et voilà que je me vois obligé d'engager la bataille contre d'anciens partisans, voire contre ceux qui voudraient encore aujourd'hui se faire passer pour des partisans. Mais je n'ai pas le choix : me taire serait adopter une attitude de commodité ou de lâcheté et nuirait davantage à la cause que la mise au jour des dommages. Les gens informés savent que des troubles et malentendus analogues se produisent également dans d'autres mouvements scientifiques. Seulement, ailleurs on sait peut-être mieux les cacher, tandis que la psychanalyse, qui oppose un déni à tous les idéaux conventionnels, veut être sincère, même dans des circonstances comme celles-ci.

Un autre inconvénient, difficilement perceptible, réside dans le fait que je ne puis m'empêcher, pour éclairer l'attitude des deux dissidents, de recourir à l'analyse. Or l'analyse ne se laisse pas employer comme une arme de polémique ; elle suppose le consentement de l'analysé et, entre l'analyste et l'analysé, un supérieur et un subordonné. Il en résulte que celui qui entreprend une analyse dans un but polémique doit s'attendre que l'analysé retourne contre lui l'arme de l'analyse et que la discussion prenne une tournure mettant une tierce personne impartiale dans l'impossibilité absolue de se faire une conviction. Je réduis donc au minimum l'emploi de l'analyse et, avec elle, l'indiscrétion et l'attitude agressive à l'égard de mes adversaires, et j'avertirai en outre mes lecteurs que je ne conçois nullement le procédé auquel j'entends avoir recours comme une critique scientifique. Il ne m'importe guère de savoir ce qu'il peut y avoir de vrai dans les théories dont j'attaque les auteurs et je ne me propose pas de les réfuter. Je laisse cette tâche à d'autres psychanalystes compétents qui, d'ailleurs, s'en sont déjà acquittés en partie. Je veux seulement montrer que (et sur quels points) ces théories constituent un déni aux principes de la psychanalyse et n'ont pas le droit de s'abriter derrière ce nom. Et si j'ai besoin de l'analyse, c'est pour montrer de quelle manière ces déviations de l'analyse peuvent se produire chez les analystes.

Mais je serai bien obligé, pour les points sur lesquels portent les divergences, de recourir à des remarques critiques pour défendre le bon droit de la psychanalyse. Le premier objectif de la psychanalyse avait consisté à obtenir l'explication des névroses. Prenant pour point de départ les faits de la résistance et du transfert, nous avons réussi, en tenant compte du troisième fait constitué par l'amnésie, à établir la théorie du refoulement, à montrer le rôle que les pulsions sexuelles et l'inconscient jouent dans les névroses. La psychanalyse n'a jamais eu la prétention de donner une théorie complète de la vie psychique de l'homme en général : elle demandait seulement qu'on utilisât ses données pour compléter et corriger celles qui avaient été acquises et obtenues par d'autres moyens. La théorie d'Alfred Adler va bien au-delà de ce but, puisqu'elle ambitionne de fournir, avec l'explication des névroses et psychoses de l'homme, celle de son comportement et de son caractère. Je dirai même qu'elle est tout autre chose qu'une théorie des névroses, qu'elle affecte cependant, en raison de ses origines, de mettre toujours au premier rang. J'ai eu, pendant de nombreuses années, l'occasion d'étudier le Dr Adler et je n'ai jamais refusé de reconnaître en lui un homme très doué, ayant l'esprit tourné plus particulièrement vers la spéculation. Pour donner une idée des soi-disant « persécutions » dont il aurait été victime de ma part, je rappellerai qu'à la suite de la fondation de l'Association internationale, je lui avais confié la direction du groupe viennois. Ce n'est qu'en cédant aux pressantes instances de tous les membres de l'Association que j'avais pris la décision de me charger de nouveau de la présidence des séances scientifiques. M'étant aperçu qu'il était peu apte à manier et à utiliser les matériaux fournis par l'inconscient, je m'étais consolé en me disant qu'il saurait du moins découvrir les rapports existant entre la psychanalyse, d'une part, la psychologie et les bases biologiques des pulsions, d'autre part, attente que ses précieuses études sur l'infériorité organique semblaient justifier dans une certaine mesure.

Il entreprit, en effet, quelque chose dans ce genre, mais il le fit de telle sorte qu'on aurait dit (pour me servir de son propre jargon) qu'il visait avant tout à prouver que la psychanalyse avait tort sur tous les points et que c'est seulement sa crédulité à l'égard des récits donnés par les névrosés qui lui faisait attacher une telle importance aux pulsions sexuelles. Je puis également divulguer les motifs personnels de son attitude, étant donné qu'il a pris soin d'en faire part lui-même à un certain nombre de membres du groupe viennois. « Croyez-vous qu'il me soit si agréable de végéter toute ma vie dans votre ombre ? » Je ne trouve nullement blâmable qu'un jeune homme avoue ouvertement une ambition dont on suppose qu'elle est un des ressorts de son travail. Mais on a beau être ambitieux, on n'en doit pas moins se garder de devenir ce que les Anglais, avec la finesse de leur tact, appellent *unfair* (mot destiné à caractériser une attitude pour laquelle les Allemands possèdent une qualification beaucoup plus grossière). Malheureusement, Adler n'a pas su éviter cette attitude. La preuve nous en est fournie par les innombrables petites méchancetés qui défigurent ses travaux et les traits qui trahissent une soif de priorité. Ne l'avons-nous pas entendu directement, dans les séances de l'Association psychanalytique de Vienne, revendiquer la priorité à deux points de vue : la conception de l'« unité des névroses », et la conception « dynamique » de ces dernières ? Grande fut alors ma surprise, car j'avais toujours cru avoir moi-même soutenu ces principes, alors que je ne connaissais pas encore Adler.

Cette soif d'Adler de s'assurer une place au soleil a d'ailleurs eu une conséquence dont la psychanalyse ne peut que se féliciter. Lorsque, nos divergences scientifiques étant devenues irrémédiables, j'ai engagé Adler à renoncer à ses fonctions de rédacteur du *Zentralblatt*, il démissionna également de l'Association et fonda une nouvelle société à laquelle il donna tout d'abord le nom, de bon goût, d'« Association pour la *libre* psychanalyse ». Or, les gens de l'extérieur, étrangers à la psychanalyse, sont aussi peu capables d'apercevoir les différences qui existent entre deux psychanalystes que nous autres Européens de reconnaître les nuances particulières de deux physionomies chinoises. La psychanalyse « libre » resta donc à l'ombre de la psychanalyse « orthodoxe », « officielle » et fut considérée comme un appendice de celle-ci. Mais voici qu'Adler, faisant un pas de plus, dont nous devons lui être reconnaissant, rompt ses dernières attaches avec la psychanalyse et en distingue sa propre doctrine : la « psychologie individuelle ». Il y a tant de place sur la terre de Dieu, et il est permis à chacun, qui s'en sent capable, de s'y mouvoir sans inhibition ; mais il n'est pas souhaitable de continuer à habiter sous le même toit, lorsqu'on a cessé de se comprendre et de se supporter. La « psychologie individuelle » d'Adler constitue aujourd'hui une des nombreuses orientations psychologiques opposées à la psychanalyse et dont le développement ultérieur est hors de son intérêt.

La théorie d'Adler a été dès le début un « système », et c'est ce que la psychanalyse avait toujours soigneusement évité. Elle nous offre en même temps un excellent exemple d'« élaboration secondaire », dans le genre de celle que la pensée vigile effectue sur les matériaux fournis par les rêves. En ce cas, les matériaux des rêves sont remplacés par ceux nouvellement fournis par les études psychanalytiques, envisagés principalement du point de vue du moi, ramenés aux catégories inhérentes au moi, traduits et retournés conformément à ces catégories et, exactement comme dans la formation de rêve, mal compris. Aussi la théorie d'Adler est-elle moins caractérisée par ce qu'elle affirme que par ce qu'elle dénie et elle se compose de trois éléments, d'une valeur très inégale : de bonnes contributions à la psychologie du moi, de traductions superflues, mais à la rigueur admissibles, des faits analytiques dans un nouveau jargon, et de déformations et d'interprétations arbitraires de ces faits lorsqu'ils ne s'accordent pas avec les présuppositions du moi. Pour ce qui est des éléments de la première de ces catégories, la psychanalyse n'a jamais songé à les méconnaître, bien qu'elle n'ait pas cru devoir leur prêter une attention particulière : il lui importait davantage de montrer que des composantes libidinales étaient inhérentes à toutes les tendances du moi. La théorie d'Adler, au contraire, insiste davantage sur les éléments égoïstes inhérents aux motions pulsionnelles, point de vue qui pourrait être fécond si Adler ne l'utilisait à chaque instant pour nier la motion libidinale, au profit des composantes pulsionnelles du moi. Ce faisant, il procède comme tous nos malades et comme notre pensée consciente en général, c'est-à-dire en ayant recours à ce que Jones appelle la rationalisation, afin de recouvrir le mobile inconscient. Sous ce rapport, Adler est conséquent au point de déclarer que l'intention de se poser devant la femme en maître, d'être *en haut*, constitue le principal ressort de l'acte sexuel. J'ignore s'il a osé exprimer ces énormités dans ses livres.

La psychanalyse a reconnu de bonne heure que tout symptôme névrotique n'existait qu'à la faveur d'un compromis. Il doit, de ce fait, satisfaire d'une façon quelconque aux exigences du moi qui manie le refoulement, présenter un avantage, offrir une possibilité d'utilisation efficace, faute de quoi il subirait le même destin que la motion pulsionnelle originelle refoulée. L'expression « bénéfice de la maladie » exprime assez bien cette situation ; on serait, en outre, autorisé à faire une distinction entre le bénéfice pour ainsi dire primaire pour le moi lors de l'apparition du symptôme, et un bénéfice « secondaire » qui résulte de ce que le symptôme, s'il veut s'affirmer, est obligé de se combiner à d'autres intentions du moi, par étayage.

Que la diminution de ce bénéfice ou sa disparition, à la suite d'un changement réel, constitue un des mécanismes de guérison du symptôme, c'est là encore un fait depuis longtemps familier à la psychanalyse. Or, la théorie d'Adler met un accent particulier sur ces détails faciles à établir et à constater, sans s'apercevoir le moins du monde que, dans un nombre incalculable de cas, le moi fait de la nécessité vertu en se complaisant, à cause de l'utilité qui s'y rattache, au symptôme, souvent des plus indésirables, qui s'est imposé à lui, par exemple lorsqu'il accepte l'angoisse comme moyen de sécurité. Le moi joue dans ces cas le rôle ridicule d'un Auguste, ce stupide clown de cirque qui, par ses gestes, cherche à persuader l'assistance que tous les changements qui se produisent sur la piste sont des effets de son seul commandement. Seulement, il ne réussit à convaincre que la partie enfantine de l'assistance.

Quant au deuxième élément constitutif de la

théorie adlérienne, la psychanalyse ne peut qu'y souscrire comme étant son bien propre. Il ne s'agit, en effet, pas d'autre chose que de données psychanalytiques que, pendant les dix années de travail commun, l'auteur a puisées aux sources accessibles à tout le monde et qu'il voudrait estampiller comme sa propriété à la faveur d'un simple changement de terminologie. Je suis tout disposé à admettre par exemple que l'expression « garantie de sécurité » est meilleure que « mesure de protection », que j'employais moi-même, mais je ne trouve pas que cette substitution d'un mot à un autre implique un changement de signification. On retrouverait, de même, dans les affirmations d'Adler, une foule de choses depuis longtemps connues, si à la place des mots « feint », « fictif » et « fiction », avec le verbe formé de la même racine [1], on remettait les mots plus anciennement employés, liés au concept de « fantasié » (« fantaisie »). La psychanalyse aurait le droit d'insister sur cette identité, alors même que nous ne saurions pas que l'auteur a, pendant de nombreuses années, participé au travail commun.

C'est par sa troisième partie, par les nouvelles interprétations et les déformations des faits analytiques gênants, que la théorie adlérienne, en tant que « psychologie individuelle », se sépare définitivement de la psychanalyse. L'idée principale sur laquelle repose le système d'Adler est que c'est la tendance de l'individu à s'auto-

1. *Fingiert* en allemand (*fiktiv, fiktion*). (*N.d.T.*)

affirmer, que c'est sa « volonté de puissance » qui, dans la conduite de la vie, dans le caractère et dans la névrose, s'expriment impérieusement sous la forme de la « protestation virile ». Or, cette protestation masculine, à laquelle Adler attribue le rôle de moteur principal, n'est au fond pas autre chose que les tendances refoulées qu'Adler détache de leur mécanisme psychologique, en les sexualisant, ce qui ne cadre guère avec la fameuse éviction de la sexualité du rôle que la psychanalyse lui assigne dans la vie psychique. La protestation virile existe certainement, mais pour en faire le moteur du devenir psychique, il faut traiter l'observation comme un simple tremplin qu'on abandonne pour s'élever plus haut. Prenons, à titre d'exemple, une des principales modalités du désir infantile, celle qui résulte de l'observation par l'enfant de rapports sexuels entre adultes. L'analyse de l'histoire de vie de ces personnes obligées par la suite de venir solliciter des soins médicaux révèle qu'à ce moment-là deux motions s'étaient emparés du spectateur mineur : celle (s'il s'agit d'un garçon) de se trouver à la place de l'homme jouant le rôle actif, et la tendance contraire de s'identifier à la femme qui pâtit. Ces deux tendances épuisent les possibilités de plaisir liées à la situation. Seule la première se laisse subordonner à la protestation virile, à supposer que cette notion ait, en général, un sens quelconque. La deuxième, dont le sort n'intéresse pas Adler ou qu'il ignore, est cependant celle qui aura un sens plus important dans la future névrose éventuelle. Adler enferme le moi, le rejette dans un isolement tellement jaloux qu'il croit ne devoir tenir compte que des pulsions qui conviennent au moi et auxquelles il acquiesce ; aussi la névrose, dans laquelle les motions s'opposent au moi, dépasse-t-elle l'horizon de notre auteur.

Mais où Adler s'écarte le plus gravement de la réalité révélée par l'observation et se rend coupable de la plus grave confusion conceptuelle, c'est lorsqu'il essaie, conformément à l'une des règles fondamentales de la psychanalyse, de rattacher le principe même de sa théorie à la vie psychique de l'enfant. Il confond, en cette occasion, de la façon la plus désespérante, les sens biologique, social et psychologique de « masculin » et « féminin ». Et il est impossible d'admettre (et au besoin l'observation s'y opposerait) que l'enfant, de sexe masculin ou féminin, fasse reposer toute sa conception de la vie sur la dépréciation originelle du sexe féminin et se donne pour ligne directrice le désir : « Je veux devenir un homme, un vrai. » Au début, l'enfant n'a pas la moindre idée des différences sexuelles ; il est plutôt convaincu que les deux sexes possèdent le même organe génital (mâle) ; ses premières méditations sexuelles ne portent en aucune façon sur les différences sexuelles, et l'idée de l'infériorité sociale de la femme lui est totalement étrangère. Nombreuses sont les femmes dans la névrose desquelles le désir d'être un homme ne joue aucun rôle. Quant à la protestation virile, elle se laisse ramener facilement aux troubles apportés dans le narcissisme primitif par la menace de castration, autrement dit par les premiers obstacles qui s'opposent à l'activité sexuelle. Toutes les discussions sur la psychogénèse des névroses prendront fin le jour où l'on aura décidé de les transporter sur le terrain des névroses infantiles. Il suffit de disséquer une névrose de la première enfance pour voir se dissiper toutes les erreurs relatives à l'étiologie des névroses et tous les doutes concernant le rôle des pulsions sexuelles. Aussi Adler a-t-il été obligé, dans son compte rendu critique du travail de Jung, *Conflits de l'âme enfantine*[1], d'insinuer que les matériaux se rapportant à ce cas avaient été orientés « par le père » pour le caractère d'ensemble[2]. Je n'insisterai pas davantage sur le côté biologique de la théorie d'Adler et je ne chercherai pas à examiner si c'est l'infériorité organique objective ou le sentiment subjectif de cette infériorité (impossible de se prononcer sur cette question) qui constitue la base du système adlérien. Disons seulement que, dans la conception d'Adler, la névrose n'apparaît que comme un effet secondaire d'une atrophie générale alors que l'observation nous enseigne qu'il existe un nombre incalculable de gens laids, difformes, contrefaits, présentant la plus profonde misère physiologique et qui ne songent pas à réagir à leurs manques par des névroses. Je laisse également de côté

---

1. Carl Gustav Jung, *Conflits de l'âme enfantine* (1910), Paris, Aubier, 1936. (*N.d.É.*)
2. *Zentralblatt für Psychoanalyse*, vol. I, p. 122.

l'intéressant expédient qui consiste à confondre le sentiment d'infériorité avec le sentiment d'être un enfant. Cet expédient nous montre sous quel déguisement le facteur « infantilisme », qui joue un si grand rôle dans l'analyse, reparaît dans la psychologie individuelle. Mais je tiens, en revanche, à dire que toutes les acquisitions psychologiques de la psychanalyse s'évanouissent chez Adler. Dans *Le Tempérament nerveux*[1], l'inconscient apparaît encore comme une curiosité psychologique, sans aucun rapport avec l'ensemble du système. Logique avec lui-même, il a déclaré plus tard que peu lui importait de savoir si une représentation est consciente ou inconsciente. Pour ce qui est du refoulement, d'emblée il n'y a jamais rien compris. Dans le compte rendu qu'il fit d'une communication à la société de Vienne (février 1911), nous lisons : « Dans un cas, l'auteur montre que le malade n'a ni refoulé sa libido, contre laquelle il cherchait constamment à se préserver, ni etc.[2]. »

Quelque temps après, il argumenta ainsi au cours d'une discussion qui eut lieu à Vienne : « Si vous demandez d'où vient le refoulement, on vous répond qu'il est un effet de la culture ; et si vous demandez d'où vient la culture, on vous répond qu'elle est un produit du refoulement. Vous le voyez : on ne saurait mieux jongler avec les mots. » En appliquant à ce dilemme une partie seulement

---

1. Alfred Adler, *Le Tempérament nerveux*, Paris, Payot, coll. « Petite Bibliothèque Payot », 1992.
2. *Korrespondenzblatt*, n° 5, Zurich, avril 1911.

de l'ingéniosité qu'il avait mise à défendre son « tempérament nerveux », Adler aurait sûrement trouvé le moyen d'en sortir. Il se serait aperçu que, d'une part, la culture repose sur les refoulements opérés par des générations antérieures et que, d'autre part, à chaque nouvelle génération incombe la tâche de maintenir et de conserver cette culture, en s'imposant les mêmes refoulements. Je connais le cas d'un enfant qui se croyait mystifié et se mettait à crier, parce qu'à sa question : « D'où viennent les œufs ? », on lui répondait : « Des poules » et que lorsqu'il demandait d'où venaient les poules, on lui répondait : « Des œufs. » Et, cependant, on était loin de jongler avec les mots, et ce qu'on disait à l'enfant était parfaitement exact.

Tout ce qu'Adler a écrit sur le rêve, ce Schibboleth[1] de la psychanalyse, demeure non moins affligeant et vide. Il voyait tout d'abord dans le rêve le remplacement de la ligne féminine par la ligne masculine, ce qui ne signifie au fond pas autre chose qu'une simple traduction par les mots « protestation virile » de la théorie qui caractérise le rêve, en disant qu'il représente une réalisation de désirs. Plus tard, il trouve que ce qui constitue l'essence du rêve c'est le fait que l'homme obtient dans le rêve inconsciemment ce qui lui est refusé à l'état conscient. À Adler encore revient la

1. D'après le Littré, le Schibboleth (Bible) est une épreuve qui doit décider sans discussion possible de la capacité ou de l'incapacité d'une personne. (*N.d.É.*)

priorité de la confusion entre le rêve et les idées latentes du rêve, confusion sur laquelle repose sa théorie de la « tendance prospective ». C'est après lui que Maeder s'est engagé dans la même voie. En opérant cette confusion, on ferme volontiers les yeux sur le fait que toute interprétation d'un rêve (lequel ne présente en général rien de compréhensible, lorsqu'on ne considère que son contenu manifeste) repose sur les règles et principes mêmes dont on conteste la valeur et les résultats. En ce qui concerne la résistance, Adler trouve seulement à dire qu'elle sert au malade à faire opposition au médecin. Sans doute, mais autant dire : la résistance sert à assurer la résistance. Mais d'où vient la résistance et comment se fait-il que ses manifestations viennent toujours si à propos, pour servir les intentions du malade ? Ces questions, l'auteur les laisse de côté, comme étant sans intérêt pour le moi. Il ne s'occupe pas davantage des mécanismes de détail des phénomènes et des symptômes, des causes qui déterminent la variété des malades et des manifestations morbides : peu lui importent et ces mécanismes et ces causes pourvu que les uns et les autres, quelle qu'en soit la nature, servent à faire naître la protestation virile, l'auto-affirmation, l'élévation de la personnalité. Le système est achevé dans toutes ses parties, il a valu à son auteur un énorme travail de réinterprétation, mais ne contient pas une seule observation nouvelle. Je crois avoir montré qu'il n'a rien de commun avec la psychanalyse.

L'image de la vie, telle qu'elle se dégage du

système d'Adler repose tout entière sur la pulsion d'agression. Elle n'accorde aucune place à l'amour. On pourrait trouver étonnant qu'une conception du monde aussi décourageante ait pu trouver bon accueil ; mais on ne doit pas oublier que, pliant sous le joug de ses besoins sexuels, l'humanité est prête à accepter n'importe quoi, pourvu qu'on fasse miroiter devant ses yeux la perspective d'un « surmontement de la sexualité ».

La défection d'Adler eut lieu avant le Congrès de Weimar, en 1911. Après cette date se produisit la défection suisse. Fait assez singulier, elle eut pour premiers indices certaines allusions faites par Riklin dans des articles de vulgarisation, publiés en Suisse, allusions grâce auxquelles le grand public apprit avant les spécialistes les plus proches que la psychanalyse avait réussi à se débarrasser de certaines erreurs regrettables, faites pour la discréditer. Dans une lettre qu'il m'a adressée d'Amérique, en 1912, Jung se vantait d'avoir, par les modifications qu'il avait fait subir à la psychanalyse, surmonté la résistance qu'elle rencontrait de la part d'un grand nombre de personnes qui, jusqu'alors, n'avaient rien voulu en savoir. Je lui ai répondu que je ne voyais là aucun titre de gloire, que plus il sacrifierait de vérités si péniblement acquises par la psychanalyse, plus il verrait disparaître les résistances. Or, la modification dont les Suisses s'enorgueillissaient tant consistait précisément à diminuer théoriquement la valeur et l'importance du facteur sexuel. J'avoue avoir vu dès le début dans « ce progrès » une concession excessive aux exigences de l'actualité.

Les deux mouvements rétrogrades, en dissidence avec la psychanalyse, dont j'ai maintenant à établir le parallèle, se ressemblent encore en ce que, pour gagner la faveur du public, ils mettent en avant certaines considérations d'un ordre élevé, affectent d'envisager les choses *sub specie aeternitatis* [au regard de l'éternité]. Adler proclame la relativité de toute connaissance et le droit de la personnalité de façonner en artiste les matériaux du savoir. Jung insiste sur le droit historico-culturel de la jeunesse de secouer les chaînes que voudrait lui imposer la vieillesse tyrannique, immobilisée dans ses conceptions. Ces arguments appellent quelques mots d'objection. La relativité de la connaissance est une exigence qu'on peut opposer à n'importe quelle science, au même titre qu'à la psychanalyse. Elle est un produit de certains courants réactionnaires bien connus de notre temps, hostiles à la science, et ceux qui la formulent veulent se donner une aura de supériorité à laquelle nous n'avons pas droit. Aucun de nous ne peut prévoir le jugement définitif que l'humanité portera sur nos efforts théoriques. Nous connaissons des exemples où l'attitude négative de trois générations à l'égard de certaines vérités a été corrigée et transformée en reconnaissance par la suivante. Il ne reste donc à chacun, après avoir prêté toute son attention aussi bien à sa propre voix critique qu'à celle de ses adversaires, qu'à défendre de toutes ses forces ses convictions fondées sur l'expérience. Nous devons nous contenter de mener honnêtement notre affaire et nous n'avons pas à assumer le rôle de justicier qui doit être réservé à un avenir très lointain. Rien de plus dangereux que de vouloir introduire l'arbitraire personnel dans les choses scientifiques. C'est en obéissant à cet arbitraire qu'on voudrait contester la valeur scientifique de la psychanalyse, valeur que nos considérations précédentes ont d'ailleurs déjà fait baisser. Celui qui tient en estime la pensée scientifique cherchera plutôt les moyens et les méthodes propres à diminuer autant que possible l'action de l'arbitraire artistique et personnel là où ce facteur joue encore un trop grand rôle. Au reste, ne nous dissimulons pas que c'est un zèle inopportun que de se dépenser en efforts de défense. Adler lui-même ne prend pas ses arguments au sérieux ; ils sont destinés à atteindre l'adversaire, mais respectent ses propres théories. Ils n'ont pas empêché les partisans d'Adler de le fêter comme un Messie dont l'apparition a été annoncée à l'humanité impatiente par tant et tant de précurseurs. Or, rien de plus relatif qu'un Messie.

L'argument de Jung, *ad captandam benevolentiam* [pour capter la bienveillance], repose sur la prémisse optimiste d'après laquelle le progrès de l'humanité, de la culture, du savoir, aurait toujours suivi une ligne ininterrompue. Comme s'il n'y avait jamais eu d'épigones, comme s'il n'y avait pas eu de révolutions suivies de réaction et de restauration, comme si l'histoire n'avait pas connu de générations ayant, par un mouvement rétrograde, renoncé aux acquis des générations antérieures. En se rapprochant du point de vue de la foule, en renonçant à certaines nouveautés mal accueillies par elle, parce que désagréables, en corrigeant la psychanalyse dans le sens que nous savons, Jung ne prétend pas accomplir un geste juvénile et libérateur. Après tout, si l'on veut savoir si un geste est décisif, il faut considérer non les années de son auteur, mais le caractère même de l'acte.

Des deux mouvements qui nous intéressent ici, celui inauguré par Adler est certainement le plus significatif ; radicalement faux, il se distingue cependant par sa structure logique et par sa cohérence. Il repose toujours sur une théorie des pulsions. La modification introduite par Jung a, au contraire, rompu les liens qui existent entre les phénomènes et la vie pulsionnelle ; elle est d'ailleurs, et c'est ce qu'ont déjà relevé ses critiques (Abraham, Ferenczi, Jones), tellement confuse, obscure, embrouillée qu'il n'est pas facile de savoir quelle attitude on doit adopter à son égard. Par quelque côté que vous l'abordiez, vous devez vous attendre qu'on déclare que vous l'avez mal comprise, et on ne sait jamais ce qu'il faut faire pour la comprendre d'une façon correcte. Elle se présente elle-même sous des aspects oscillants, tantôt comme une « très légère divergence qui ne mérite pas tout le bruit qu'on a fait autour d'elle » (Jung), tantôt comme un évangile nouveau, inaugurant une ère nouvelle dans la psychanalyse, voire une conception du monde nouvelle pour tous.

En présence des contradictions qu'on constate entre différentes manifestations, publiques et privées, de Jung, on est en droit de se demander quelle est la part du manque de clarté et quelle est celle du manque de sincérité. On est cependant obligé de convenir que les partisans de la nouvelle doctrine se trouvent dans une situation difficile. Ils combattent aujourd'hui ce qu'ils avaient défendu autrefois, et ils le combattent, non parce que des observations nouvelles leur ont révélé des faits nouveaux, mais par suite de réinterprétations qui leur font apparaître les choses sous un aspect différent de celui sous lequel elles leur étaient apparues antérieurement. C'est pourquoi ils ne tiennent pas à renoncer à leur lien avec la psychanalyse dont ils ont toujours été les représentants notoires, et au su de tout le monde, mais ils préfèrent annoncer que la psychanalyse a changé. Au cours du Congrès de Munich, je me suis vu obligé de mettre la lumière dans cette pénombre, en déclarant que je ne considère nullement les innovations introduites par les Suisses comme une suite légitime de la psychanalyse issue de moi. Des critiques étrangers (Furtmüller, par exemple) avaient déjà reconnu cette situation, et Abraham avait eu raison de dire que Jung était en train de prendre complètement ses distances par rapport à la psychanalyse. Je suis naturellement tout disposé à reconnaître à chacun le droit de dire et d'écrire ce que bon lui semble, mais non le droit de faire passer ses idées pour ce qu'elles ne sont pas.

De même que les recherches d'Adler ont apporté à la psychanalyse quelque chose de nouveau, une partie de la psychologie du moi, en prétendant se faire payer cette nouveauté par le droit de rejeter toutes les théories fondamentales de la psychanalyse, Jung et ses partisans ont également pris pour point de départ de leur lutte contre la psychanalyse une nouvelle acquisition dont ils prétendaient l'avoir dotée. Ils ont suivi point par point (et c'est ce que Pfister avait déjà fait avant eux) l'évolution à la faveur de laquelle les matériaux des représentations sexuelles, en rapport avec le complexe familial et avec les tendances incestueuses, sont utilisés pour servir d'expression aux intérêts moraux et religieux les plus élevés de l'homme : ils ont donc élucidé un cas significatif de sublimation des pulsions érotiques et leur transformation en tendances auxquelles le qualificatif d'érotiques ne s'applique plus. Rien ne s'accordait mieux avec les prémisses de la psychanalyse et cela aurait bien pu se concilier avec la conception d'après laquelle on constaterait dans le rêve et dans la névrose la résolution régressive de cette sublimation, ainsi que de beaucoup d'autres. Mais le monde se serait récrié et se serait montré indigné par cette sexualisation de la morale et de la religion ! Je ne puis m'empêcher de m'abandonner pour une fois à la conception « finaliste [1] », en

1. Sous-entendu : d'Adler. (*N.d.É.*)

admettant que les auteurs n'étaient pas de taille à tenir tête à une pareille explosion d'indignation. Il est même possible que l'indignation ait commencé à s'emparer sourdement d'eux-mêmes. La préhistoire théologique de tant de Suisses n'a pas joué, dans leur attitude à l'égard de la psychanalyse, un rôle moins grand que la préhistoire socialiste d'Adler dans le développement de sa psychologie individuelle. On pense, malgré soi, au fameux récit dans lequel Mark Twain parle des destinées de sa montre et l'expression d'étonnement par laquelle se termine ce récit : « Et il avait l'habitude de se demander ce qu'étaient devenus tous les rétameurs, les armuriers, les cordonniers, les forgerons qui n'avaient pas réussi ; mais personne ne put jamais le lui dire. »

Je vais me servir d'une comparaison. Supposons que nous ayons affaire à un parvenu qui se vante de descendre d'une famille de vieille noblesse, mais non autochtone. Et voilà qu'on vient lui prouver que ses parents habitent à proximité et sont des gens de condition très modeste. Il ne lui reste plus alors qu'un expédient, à laquelle il ne se fait pas faute de recourir. Il ne peut plus renier ses parents, mais il prétend qu'ils sont eux-mêmes des nobles déchus et obtient d'une administration complaisante des documents attestant leur origine. Les Suisses, à mon avis, n'ont pas agi autrement. La morale et la religion ne doivent pas être sexualisées, l'une et l'autre étant originairement quelque chose de « supérieur ». Fort bien. Mais impossible, d'autre part, de nier le fait que les représentations se rattachant à la morale et à la religion découlent du complexe familial et du complexe œdipien. Comment concilier l'exigence ci-dessus avec le fait en question ? D'une façon très simple : en prétendant que les complexes dont il s'agit ne signifient pas dès le début ce qu'on pourrait croire en les interprétant à la lettre, mais présentent un sens « anagogique » (terminologie de Silberer) qui rend possible leur adaptation aux idées abstraites de la morale et de la mystique religieuse.

Je m'attends une fois de plus qu'on m'objecte que j'ai mal compris le sens et l'intention de la théorie néozurichoise, mais je prends mes précautions à l'avance afin qu'on ne s'avise pas de m'attribuer les conclusions (en contradiction avec ma propre manière de voir) qui se dégagent des publications de cette école. Je ne puis me représenter autrement l'ensemble des innovations de Jung, ni m'en faire une idée cohérente. C'est du désir d'éliminer ce qu'il y a de choquant dans les complexes familiaux, afin de ne pas retrouver ces éléments choquants dans la religion et la morale, que partent comme autant de rayons toutes les modifications que Jung a fait subir à la psychanalyse. La libido sexuelle a été remplacée par une notion abstraite dont tout ce qu'on peut dire, c'est qu'elle reste aussi mystérieuse et insaisissable pour les sages que pour les simples d'esprit. Le complexe d'Œdipe a reçu une signification « symbolique », la mère symbolisant l'inatteignable auquel, dans l'intérêt de la culture, on doit renoncer, tandis que le père qui, dans le mythe d'Œdipe, est tué représenterait le père « intérieur » dont on doit se libérer pour s'émanciper. D'autres matériaux des représentations sexuelles subiront sans doute avec le temps des réinterprétations analogues. À la place du conflit entre les tendances érotiques opposées au moi et la tendance à l'affirmation du moi, apparut le conflit entre la « tâche vitale » et l'« inertie psychique » ; la conscience de culpabilité névrotique ne serait que le reproche de ne pas s'acquitter de sa tâche vitale. Ainsi se trouva édifié un nouveau système éthico-religieux qui, tout comme le système adlérien, fut obligé d'interpréter dans un sens nouveau, de déformer ou d'écarter les résultats factuels de l'analyse. En réalité, on n'a perçu, de la symphonie du devenir du monde, que quelques hautes notes culturelles, mais on est resté sourd à la mélodie des pulsions, malgré son intensité primitive.

Pour que ce système se maintienne, il fallut se détourner complètement de l'observation et de la technique de la psychanalyse. À l'occasion, on se permettait, au nom de l'enthousiasme de la grande cause, de faire fi de la logique scientifique : c'est ainsi, par exemple, que ne trouvant pas le complexe d'Œdipe suffisamment « spécifique » pour l'étiologie des névroses, Jung attribue cette spécificité à l'inertie, c'est-à-dire à la propriété la plus générale des corps tant animés qu'inanimés. Il faut remarquer, à ce propos, que le « complexe d'Œdipe » ne représenterait, d'après cette école, qu'un critère permettant à l'individu de se faire une idée de ses forces, mais ne serait pas lui-même une force, au même titre que l'« inertie psychique ». L'exploration de tel ou tel être humain a révélé et révélera toujours que les complexes sexuels, au sens originel du mot, sont toujours vivants dans leur sens originel. C'est pourquoi on renoncera à l'exploration individuelle et on cherchera à formuler des conclusions d'après les données fournies par l'exploration ethnologique. En remontant à la première enfance de l'homme, on risquait tout particulièrement de se trouver en présence de la signification originelle, non voilée, des complexes qu'on cherchait à réinterpréter ; d'où il s'ensuivait pour règle thérapeutique de s'attarder le moins possible à ce passé, de revenir au conflit actuel dans lequel tout ce qui est accidentel et personnel disparaît, pour faire place à l'élément de généralité : le non-accomplissement de la tâche vitale. Nous avons cependant entendu dire que le conflit actuel du névrosé ne devenait intelligible et soluble que lorsqu'on le rattachait à la préhistoire du malade, en suivant le chemin que la libido avait suivi pour aboutir à la maladie.

Dominée par ces tendances, la thérapie néozurichoise a pris une orientation que je puis décrire d'après les données d'un malade qui en avait éprouvé les effets sur lui-même. « Cette fois, nul compte n'est tenu du passé et du transfert. Toutes les fois où je croyais saisir ce dernier, on me déclarait qu'il s'agissait d'un pur symbole de la libido. Les leçons de morale étaient très belles, et je m'y conformais strictement, sans toutefois faire un seul pas en avant. Cela m'était encore plus désagréable qu'à lui, mais qu'y pouvais-je ?… Au lieu de m'apporter une libération analytique, chaque séance m'imposait de nouvelles exigences monstrueuses, auxquelles je devais soi-disant satisfaire, si je voulais vaincre la névrose : concentration intérieure par intraversion, approfondissement religieux, reprise de la vie commune avec ma femme dans un abandon amoureux, etc. Cela dépassait presque mes forces, car cela aboutissait à une reconfiguration radicale de l'homme intérieur. Je sortais de la séance d'analyse comme un pauvre pécheur, plein de contrition, animé des meilleures intentions, mais aussi profondément découragé. Ce qu'il me recommandait, n'importe quel pasteur en aurait fait autant ; mais où prendre la force de suivre ces recommandations ? » Le patient dit avoir entendu raconter qu'il fallait recommencer par l'analyse du passé et du transfert. On lui répondit qu'il avait été suffisamment analysé. Et puisque cette analyse ne s'est pas montrée plus efficace, je suis bien obligé de conclure que la première sorte a été plutôt insuffisante. Quoi qu'il en soit, le bout de traitement ultérieur est resté sans aucun effet, il n'avait aucun titre à la dénomination de « psychanalytique ». Je m'étonne que les Zurichois aient cru devoir faire un si long détour par Vienne, pour retourner à la toute proche ville de Berne où Dubois traite avec tant de ménagements les névroses par l'encouragement moral[1].

---

1. Je sais bien qu'on ne peut pas toujours se fier à ce que racontent les malades ; mais je tiens à assurer d'une façon

L'incompatibilité complète entre cette nouvelle orientation et la psychanalyse se manifeste également dans le traitement du refoulement, qui est à peine mentionné dans les travaux de Jung ; dans la méconnaissance du rêve, que Jung, renonçant (à l'exemple d'Adler) à la psychologie du rêve, confond avec les pensées de rêve latentes ; dans l'inaptitude complète à comprendre l'inconscient, bref sur tous les points de l'essence même de la psychanalyse. Lorsqu'on entend Jung affirmer que le complexe incestueux n'a que la valeur d'un *symbole*, mais aucune existence *réelle*, que le sauvage, loin de se sentir attiré par cette vieille taupe, préfère une femme jeune et jolie, on est tenté d'admettre, pour expliquer la contradiction apparente que « symbole » et « aucune existence réelle » signifient ce que dans la psychanalyse on désigne sous le nom d'« inconsciemment existant », en tenant compte des manifestations et des effets pathogènes.

Si l'on a en tête que le rêve contient encore d'autres éléments que les idées latentes sur lesquelles il travaille, on ne sera nullement étonné de constater que les malades rêvent de choses, telles que « tâche vitale », « être en haut », « être

---

formelle que mon informateur est une personne digne de toute confiance, capable de comprendre et de juger. Il m'a donné tous ces renseignements sans que je les lui demande et je me sers de sa communication sans lui en avoir demandé la permission, car je n'admets pas qu'une technique psychanalytique puisse prétendre à la protection du secret professionnel.

en bas », dont on a rempli leur esprit pendant le traitement. Il est certes possible de diriger les rêves des sujets qu'on analyse, de même qu'il est possible d'influencer les rêves à l'aide de stimuli expérimentaux. On peut déterminer à volonté une partie des matériaux dont se compose un rêve ; mais ce faisant, on ne change rien à l'essence et au mécanisme du rêve. Je ne crois pas que les rêves dits « biographiques » surviennent en dehors de l'analyse. Si, au contraire, on analyse des rêves qui se sont produits avant le traitement, si on examine ce que le rêveur ajoute à ce qui lui a été suggéré pendant celui-ci, si enfin on peut s'abstenir de lui imposer des tâches nouvelles, on ne manque pas de constater que rien n'est plus étranger au rêve que de fournir des essais de solution de la tâche vitale. Le rêve n'est qu'une des formes de la pensée ; et cette forme, on ne la comprendra jamais, si l'on s'en tient uniquement au contenu des idées ; il faut tenir compte principalement du travail qui s'accomplit dans le rêve.

Il n'est pas difficile de réfuter à l'aide des faits les contresens de la psychanalyse par Jung et les déviations par lesquelles il s'oppose à elle. Toute analyse, si elle est conduite selon les règles, et plus particulièrement toute analyse effectuée sur un enfant, ne fait que renforcer les convictions sur lesquelles repose la psychanalyse et repousse les nouvelles interprétations qui sont à la base du système d'Adler et de celui de Jung. Jung lui-même avait pratiqué et publié, avant son illumination, une analyse d'enfant. Devons-nous nous attendre qu'il nous en donne une nouvelle interprétation, fondée (pour nous servir de l'expression d'Adler) sur une « orientation unitaire des faits » ?

L'opinion d'après laquelle la représentation sexuelle d'idées « supérieures » dans le rêve et dans la névrose ne serait qu'un moyen d'expression archaïque est naturellement incompatible avec le fait que, dans les névroses, ces complexes sexuels se présentent comme porteurs des quantités de la libido qui ont été soustraites à la vie réelle. S'il ne s'agissait que d'un jargon sexuel, il n'en résulterait aucun changement dans l'économie de la libido. Jung lui-même en convient encore dans son *Essai d'une présentation de la théorie psychanalytique*[1], où il formule la tâche thérapeutique d'après laquelle la charge libidinale doit être soustraite à ces complexes. Mais ce résultat, on ne l'obtiendra jamais en se détournant des complexes et en poussant à la sublimation : il faut s'en occuper de la façon la plus minutieuse et les rendre pleinement conscients. La première réalité avec laquelle le malade ait à compter est précisément constituée par sa maladie. Le médecin qui s'efforcerait de le détourner de cette tâche révélerait son inaptitude à aider le malade à vaincre ses résistances ou une crainte devant les résultats possibles de ce travail.

1. Texte publié en 1913. Voir notamment Karl Abraham, « Critique de l'*Essai d'une présentation de la théorie psychanalytique*, de C.G. Jung », in *Œuvres complètes, I : 1907-1914*, Paris, Payot, 2000, p. 279-292. (*N.d.É.*)

Je dirai en terminant que la psychanalyse de Jung avec sa modification ressemble au fameux couteau de Lichtenberg : après avoir changé le manche et remplacé la lame, il veut nous faire croire qu'il possède le même instrument parce qu'il porte la même marque que l'ancien.

Je crois, au contraire, avoir montré que la nouvelle doctrine qui voudrait se substituer à la psychanalyse implique un abandon de l'analyse, une dissidence d'avec elle. Cette dissidence est de nature à inspirer certaines appréhensions pour le destin de la psychanalyse, étant donné qu'il s'agit de personnes qui ont joué un si grand rôle dans notre mouvement. Cette appréhension, je ne la partage pas.

Les hommes sont forts, tant qu'ils défendent une idée forte ; ils deviennent impuissants, dès qu'ils veulent s'y opposer. La psychanalyse saura bien supporter cette perte et trouver, pour la compenser, de nouveaux adeptes. Je terminerai en souhaitant que le destin octroie une confortable remontée à ceux qui n'ont pu supporter le séjour dans le monde souterrain de la psychanalyse. Puissent les autres terminer heureusement leur travail dans les profondeurs.

TABLE

(Du même auteur, suite)

Pour introduire le narcissisme
Névrose et psychose
Inhibition, symptôme et angoisse
Trois mécanismes de défense : le refoulement, le clivage et la dénégation
Le Roman familial des névrosés, et autres textes
La Sexualité infantile
Le Rêve de l'injection faite à Irma
Mémoire, souvenirs, oublis
Du masochisme. Les aberrations sexuelles ; Un enfant est battu ; Le problème économique du masochisme
L'Inquiétant familier, suivi de : *Le Marchand de sable* (E.T.A. Hoffmann)
Une névrose diabolique au XVIIe siècle, suivi de : *La Peau de chagrin* (Honoré de Balzac)
Le Président T.W. Wilson. Portrait psychologique (avec William C. Bullitt)
Sur les névroses de guerre (avec Sándor Ferenczi et Karl Abraham)
Pourquoi la guerre ? (avec Albert Einstein)
Correspondance avec Stefan Zweig

Imprimé par CPI (Barcelona)
en juillet 2018

Dépôt légal : juin 2015

Imprimé en Espagne